IT技术应用水平对企业财务信息质量的影响

李蒲林　著

中国财政经济出版社

图书在版编目（CIP）数据

IT 技术应用水平对企业财务信息质量的影响 / 李蒲林著. —北京：中国财政经济出版社，2016.2

ISBN 978－7－5095－6615－2

Ⅰ.①I…　Ⅱ.①李…　Ⅲ.①信息技术－应用－企业管理－财务管理－信息管理　Ⅳ.①F275－39

中国版本图书馆 CIP 数据核字（2016）第 024961 号

责任编辑：郁东敏　　　　责任校对：徐艳丽
封面设计：中通申奥　　　　版式设计：兰　波

中国财政经济出版社 出版

URL：http：//www.cfeph.cn
E－mail：cfeph @ cfeph.cn

社址：北京市海淀区阜成路甲 28 号　邮政编码：100142
营销中心电话：88190406　北京财经书店电话：64033436　84041336
北京京华虎彩印刷有限公司印刷　各地新华书店经销
787×1092 毫米　16 开　12 印张　295 000 字
2016 年 3 月第 1 版　2016 年 3 月北京第 1 次印刷
定价：25.00 元
ISBN 978－7－5095－6615－2/F·5322
（图书出现印装问题，本社负责调换）
本社质量投诉电话：010－88190744
打击盗版举报热线：010－88190492，QQ：634579818

前　言

进入21世纪，随着各企业特别是大型企业集团的经营管理模式从分散经营向集中管控转变，集团企业财务信息化也成为企业信息化建设的重点。政府部门高度重视集团的企业信息化建设，要求各企业按照企业发展战略要求，充分利用信息技术与现代企业管理理念，以财务管理创新为动力，以整合财务资源、强化财务控制、防范财务风险为目标，从企业财务管理工作实际出发，大力推进企业财务管理流程调整，健全财务内部控制体系，构建完善的财务管理信息系统，提高企业财务资源使用效率，提升企业财务管理水平，增强企业核心竞争力。为了实现上述目标，必须建立有效的支持系统和落实执行系统，重视信息技术所带来的管理技术及其作用。当前很多企业IT技术在财务信息化方面的应用不充分，关键是就IT技术应用对企业财务信息的影响没有充分认识。笔者认为，IT技术应用是一个系统解决方案，应立足于基础数据采集，对统计数据从采集、审核、传输、接收、整理、汇总、存储到运用的全过程提供全面支持，帮助企业制作报表、灵活查询，提供预测、分析和评价等多种辅助决策工具，并将分析结果以文字、任意表格、任意图表等丰富的表现形式展现出来。同时，集团企业的统计信息系统和管理软件在企业内部应起到基础统计信息管理、大型统计分析、经济预测、管理信息集成等作用。

本书主要采用理论和实践相结合的方式，以信息的采集、审核、传输、接收、整理、汇总、存储、管理等相关技术规范以及国家法律法规为基础，结合笔者所在的广晟公司具体情况，对广晟公司多年的财务信息化具体应用和取得的实际效益进行研究，回顾和总结类似企业集团在财务信息化方面的成功实践模式，论证 IT 技术如何有效提高企业财务信息应用质量水平，为国内集团财务信息化课题的研究添砖加瓦。

通过研究我们不难发现，IT 技术应用水平与集团财务信息化成功实践相结合是集团企业的战略规划、财务管理、风险管控等集团管控的重要基础，也是有效提高企业财务信息质量的利器。具体表现在：第一，财务信息化支撑企业发展战略转型作用明显；第二，财务信息化有效提高财务信息质量，支持企业决策水平进一步提高；第三，综合管理信息化支撑企业集团管控和科学发展；第四，财务信息化有效推动集团和各成员企业由“核算型财务”向“管理型财务”转变；第五，为集团公司在瞬息万变的市场环境中，提高决策效率、加快市场反应速度等起到关键作用。

该书是在我的研究生毕业论文的基础上进行修改而成的，在写作和研究过程中，感谢我的导师天津大学张小涛教授和校外导师钱晖教授的悉心教诲和指导，感谢北京久其互联网金融信息服务有限公司董事长吴鹏翎、中国铁建股份有限公司财务部会计处处长岳云飞等人提出宝贵意见，并多次与本人共同研究与修改。感谢所有关心和支持我的同事和朋友们，公司同事在工作实践中的探索为本课题的研究提出了许多有益的启示和现实的思考，同时书中引用了一些学者的研究和企业的案例。在此一并表示诚挚的谢意。由于本人水平有限，书中难免存在不足之处，恳请各位读者、同仁批评指证。

目　录

第一章 绪　　论

一、研究背景和意义

伴随企业集团管理水平提升，集团财务管理模式不断创新，在新形势下对企业集团财务信息化提出了新的建设要求。进入21世纪，随着各企业特别是大型企业集团的经营管理模式从分散经营向集中管控转变，集团企业财务信息化也成为企业信息化建设的重点。

为使企业管理能力适应企业战略扩张，与集团企业管理模式相匹配的控制方式必须建立有效的支持系统和落实执行系统，重视信息技术所带来的管理技术及其作用，以全面提升企业的整体管理能力。但目前集团财务信息采集、汇总、分析等方面普遍存在以下几个问题：

（1）系统仍停留在手工或单机系统阶段，需辅以大量的手工作业才能完成数据处理的全过程；

（2）大量数据被分割在不同部门、不同系统甚至不同格式的文件中，难以管理和共享；

（3）不同系统的数据格式难以整合，普遍存在数据的二义性问题；

（4）企业缺乏对数据体系的统筹规划，新定义的数据难以被有序引入。

IT 技术应用正是针对上述问题而提出的解决方案，应立足于基层数据采集，对统计数据从采集、审核、传输、接收、整理、汇总、存储到运用提供全面支持，帮助制作报表，灵活查询，提供预测、分析和评价等多种辅助决策工具，并将分析结果以文字、表格、图表等丰富的表现形式展现出来。同时，集团企业的统计信息系统和管理软件在企业内部应起到基础统计信息管理、大型统计分析、经济预测、集成管理信息等作用。

以××××建设股份有限公司（以下简称"××××建设股份"）IT 技术在财务信息化建设中的应用为例，××××建设股份为原国务院国有资产监督管理委员会管理的特大型建筑企业。200×年×月分别在上海和香港上市，公司注册资本 123.38 亿元。2013 年度"全球最大 250 家工程承包商"排名第 1 位。××××建设股份业务涵盖工程建筑、房地产、工业制造、物资物流、特许经营、矿产资源及金融保险，属于典型的劳动密集型产业。作为公司治理核心部分的财务管理，从国家制度到企业内部也存在许多不容忽视的问题。例如：建筑工程行业财务管理制度不够完善；资金管理力度不够；财务人员素质偏低，监管力度不够；财务管理信息化程度不高。随着中国铁建"走出去"海外战略的逐步实施，对财务管理提出了更高要求，加快财务的信息化建设显得尤为紧迫。

××××建设股份从自身财务管理问题出发，建立财务共享服务中心和网上费用报销系统，建设涵盖公司所有业务的各类表单及流程、影像集成及资金集中支付等，成功建成了国内建筑业企业第一家财务共享服务中心，同时也是国内第一家集成影像技术、第一家使用中国电信云服务平台和建设时间最短的财务共享服务中心。同时，通过系统集中部署的模式，依托其最新的分布式技术架构，基于电信云平台，实现了全集团系统大一统，奠定了国内最大规模 FSSC 的支撑能力。

笔者所供职的广东省广晟资产经营有限公司（以下简称“广晟公司”）是广东省省属企业，拥有全资子公司 20 家，控股子公司 7 家，有矿业、电子信息产业、建筑房地产业、金融四大业务板块。广晟公司经过十多年来的改革发展，形成了“以有色金属为依托，以电子信息为产业延伸，以电信股权和金融板块为融资平台，以建设业为产业服务载体”的产业关联发展格局，初步具备了跨越式发展的条件和基础，在坚持以矿业为主、适当多元化发展思路的基础上，逐步实现打造资产总量超千亿元、具备国际竞争力的国企航母战略目标。

但公司在发展过程中也碰到一系列问题：如何有效对下属企业的财务风险进行管控；如何将闲散在各下属企业的闲置资金有效利用，形成“资金池”进行扩大再生产，提高企业资金使用效率；如何集中高效进行集团和各下属企业的账务处理，并迅速完成报表合并，上报上级部门并对外披露；如何科学利用信息化手段进行决策分析，提高投资回报率；如何建立“账表合一、一查到底”的财务监控体系；如何实现“高度信息集中、高度经营授权”的管控模式……

为解决上述一系列问题，实现集团的战略发展目标，建立特有“市场营销集中、采购集中、财务集中、技术集中、投资决策集中”的集中管理模式，并在企业的经营过程中对关键经营指标净利润、售价、成本费用、现金流、资产负债率进行实时监控与预警，同时实现集团管控层对下属子公司在战略管理、投融资管理、财务集中管控、资金管理、人力资源管理、采购管理和知识管理方面行使管控职能，广晟公司于 2003 年提出了《广晟公司信息化建设十年规划蓝图》，由此，集团财务管理和集团管控信息化开始了系统化的建设进程。

经过多年的建设，特别是以“集团财务集中核算系统”和“财务综合信息系统”为核心的财务信息化系统的建成，使公司基本实现“建立一套集中报表管理系统，形成统一集中财务报表体系，实现广晟公司全级次财务数据集中，既满足内部管理的需要，又满足上级管理部门信息报送和资本市场信息披露的要求”的目标。

二、研究方法与框架

本书主要以理论和实践相结合的方式，以国家法律法规，信息的采集、审核、传输、接收、整理、汇总、存储、管理等相关技术规范为基础，结合笔者所在广晟公司的具体情况，对公司多年的集团财务信息化具体的应用以及取得的实际效益进行研究，回顾和总结类似企业集团在财务信息化的成功实践模式，论证 IT 技术应用水平如何有效提高企业财务信息质量水平，为国内集团财务信息化课题的研究添砖加瓦。

第二章　影响企业财务信息质量因素分析

第一节　财务信息质量的定义和特征

根据国际标准化组织1994年颁布的ISO8402－94《质量管理和质量保证——术语》中有关质量的定义，会计信息质量是会计信息满足明确和隐含需要能力的特征总和。具体而言，财务信息质量是指反映向财务信息使用者提供与企业财务状况、经营成果等相关信息的相关性、真实性、及时性、中立性、可比性、有用性。

一、会计信息的相关性

所谓相关性是要求企业在收集、加工、处理、传递会计信息的过程中，要考虑使用者对会计信息要求的不同特点，以确保满足企业内外有关各方对会计信息的需要，按投资者、经营者、政府部门对会计信息的需求形成会计信息流。由此可以看出，相关性有两个基本标志，即预测价值和反馈价值。

二、会计信息的真实性

真实性是指会计信息必须真实可靠。对会计要素的确认和计量遵循会计要素定义的要求，使其在会计报表上所反映的各项会计要素均符合其质量特征，不能错误引导用户的判断，不能进行虚假的误导性陈述，也不得有重大遗漏。真实性是会计的本质属性，是会计信息的灵魂。

三、会计信息的及时性

及时性是指会计报表的编制、报送要及时，即在会计年度终了较短时间内报送会计报表。会计信息的及时性是信息质量的重要要求，因为人们认识经济业务在该阶段的特征是有效的，过时信息的有效性值得商榷。

四、会计信息的中立性

中立性是指“在信息中不存在企图取得预定结果或诱发特定行为的偏向”，这要求会计信息在生成过程中不受任何人以任何方式操控，不允许任何人为了某种目的歪曲会计信息，或在客观的信息上附加某种主观色彩以满足特定信息使用集团的需要，即会计信息应公正反映它意在反映的内容。

五、会计信息的可比性

可比性是要求同一会计主体其前后期会计信息可比，或两个不同的会计主体同一时期的会计信息保持可比。强调会计信息的可比性有利于会计人员理解和使用可靠和相关的会计信息。

六、会计信息的有用性

有用性指决策有用性。美国财务会计准则委员会（FASB）发布的《财务会计概念公告》构建的会计概念体系就是以“决策有用性”为核心。决策有用性是会计信息最基本的质量特征。会计信息质量直接关系着决策者的决策及其后果，会计信息的真实性和可靠性是保证信息使用者作出正确决策的基本前提和条件，提供符合质量特征要求的信息是会计人员的基本任务。

第二节　影响企业财务信息质量的因素分析

影响企业财务信息质量的因素是多方面的，以下从财务信息质量的主体、财务信息编制以及财务信息供需矛盾三个方面来分析。其中，财务信息质量的主体是财务信息质量的生产者；财务信息编制是财务信息的产生过程；财务信息供需矛盾是财务信息作为商品与不同使用者需求之间的冲突。

一、财务信息质量的主体分析

财务信息质量的主体是相关会计人员，因此会计人员的胜任能力、工作态度、职业道德水平等对会计信息质量起着至关重要的作用。

首先，财务工作是一门技术性很强的业务工作，财务人员要能够出色地完成自身的工作任务，就必须比较全面地掌握财务专业的基本理论，比较全面地掌握财务专业技术知识，具有比较娴熟的会计操作基本功，能够比较熟练地运用财务核算、财务分析、财务检查和财务决策等专门方法，为财务信息的使用者提供优质的会计信息服务。会计人员业务素质上的差异，对于其处理经济业务的方式有一定影响，会在一定程度上影响会计信息的质量。而在现实业务中，很多会计人员知识水平不高，知识更新跟不上国家相关管理法规的要求。近年来，我国会计改革比较快，业务知识更新比较频繁，导致很多会计工作人员跟不上实际工作的要求，影响了工作水平的提高。从目前来看，会计从业人员大部分都是初级职称，中级、高级职称人数偏少，有些会计主管还是非会计专业毕业，根本不懂会计，有的是对会计知识一知半解，难以适应企业生产经营发展的需求。因此，要强化会计继续教育，保持业务知识的更新。

其次，对于任何工作来说，都需要正确的工作态度，没有正确的工作态度很难取得成就。财务工作在这方面的要求尤为突出。由于会计工作是一个非常细致、耐心的工作，对会计人员的工作态度提出了很高要求。如果会计人员本着混日子的思想在管理岗位上工作，一旦在工作中出现错误，轻则影响财务信息的真实性，给其他人工作造成麻烦，重则影响财务信息使用者的决策，给企业造成重大损失。

最后，会计人员的职业道德水平也对财务信息的质量产生影响。会计人员应当熟悉相关法律，切实做到严守法纪、廉洁奉公，坚持原则，能够自觉抵制一切违法乱纪和贪污盗窃行为。实际工作中，个别财务从业人员受利益驱动，丧失原则性与公正性，不能按照企业会计准则和会计制度的要求进行操作，造成会计信息失真。另外一部分财务从业人员仗着自身的一点付款权利，对供应商吃拿卡要。不仅有损财务信息的质量，更是对企业利益和形象的破坏。

二、财务信息质量的编制分析

近年来随着我国会计准则国际趋同化的发展，国内部分会计准则直接套译、套用国际准则，而不同章节又由于是不同编撰者来编写，导致一些内容互相矛盾。同时，近些年会计准则的改动比较频繁，企业在实施过程中也存在困难。财务信息具体操作中主观判断性比较强，在实际工作中，往往需要会计人员根据具体情况对结果不确定的交易或者或有事项进行判断，对未来事项发生的可能性及可能产生的影响作出判断，预估未来的事项，如：预计负债、资产减值损失、资产折旧年限与折旧方法、无形资产和长期待摊费用的摊销期限变更等。这些项目必须经财务人员的合理预测并确认，或者在财务报告中披露，才能得到真实的反馈。所以，会计信息质量的高低主要取决于会计人员的职业判断。

随着时代的进步和企业的发展，一方面，企业规模不断扩张，财务工作的工作量不断增加。同时，随着业务的发展，跨区域跨国界的业务分布增加了财务工作的难度。另一方面，随着信息技术的发展，沟通和决策不断提速，对财务信息的及时性和真实性提出了更高的要求。为了满足企业发展的要求，就必须将现代 IT 技术应用到财务信息编制过程中，提高财务工作的效率和准确性。在我国，近些年来 IT 技术被广泛应用到财务工作中，大部分企业已经摆脱了烦琐的手工记账，迈入信息化的殿堂。随后 ERP 软件得到了较为广泛的推广，财务系统与采购、销售、人资、生产、库存等系统进行了良好的集成，打破了企业内部的信息壁垒，形成了一个共享的数据平台，为企业管理层决策提供了数据支持。大数据时代，财务信息化将焕发出新的生机。许多在信息收集、处理和分析上有难度的工作，如企业投资决策、经营预测分析全面预算管理等，将不再成为难题；财务信息系统在企业投资决策、预测分析、核算管理规范、全面预算、节省成本等方面将更好地帮助企业实现管理提升。

三、财务信息质量的供需矛盾分析

财务信息作为一种特殊商品，在市场经济中具有多重价值。企业是狭义财务信息的唯一供给者；需求者是指企业的外部信息需求者，主要是企业的利益相关者，包括投资者、债权人、国家、企业管理当局、其他信息使用者。对于上市公司而言，会计信息需求者的数量可能是成千上万个团体和个人。财务信息质量的供需矛盾表现在：第一，不同的会计信息使用者之间会计信息不对称。企业由于选择了特定的会计方法造成会计报表的信息披露偏向于某一个特定的信息使用者，由此造成一部分人得到更多的所需信息，另一部分人却恰好相反。第二，信息提供者与使用者之间的会计信息不对称。企业管理当局是会计信息的提供者，也是信息的内部使用者，相对于外部使用者而言更具有信息优势。企业管理人员利用这种优势，对会计报表进行粉饰和美化，进行收益和盈余调节。

我国目前对会计信息的需求大于供给，许多公司、企业不愿意公开其内部重要的会计信息，以防被其竞争对手获悉后使自己处于不利的竞争位置。有一些内部的财务信息，如公司发生重大的亏损、资不抵债、公司受到财税部门的重大处罚等，公布之后必将有损于公司的形象，甚至使上市公司的股价大跌，所以公司也不愿意提供这类信息。会计制度自身设计的因素也会造成会计信息不能充分、真实地反映企业的业绩，如历史成本计量、货币计量等固有的局限性，也会在一定程度上影响会计信息的有效性、真实性。

第三节 提高财务信息质量的对策

一、强化信息质量理念，树立会计人员质量意识

好的行为需要正确的态度和意识指引，会计信息质量的提高要求会计人员要有正确的工作态度和质量意识。会计信息质量是企业财务部门存在的价值，没有可靠的会计信息质量，财务部门存在的意义和价值就失去了。越来越多的企业不同程度上实现了全面预算管理，而预算编制的方法很多都是参考历史年度的数据，因此，会计信息质量也会直接影响预算的制定，关系到企业及部门负责人的考核管理。因此，会计信息的披露作为财务部门的重要成果，财务人员应当高度重视，确保会计信息真实性，为企业的战略决策提供可靠的资料。

二、强化会计信息质量考核力度

考核体系是一项制度得以贯彻的重要保障，会计信息质量的管理也要建立在完善的考核机制下。在会计信息质量考核体系中，会计责任人员、会计主管人员以及相关的会计从业工作者，

都要有明确的岗位职责。单位负责人对本单位的会计信息质量负总责，即对本单位的会计工作和会计资料的真实性、完整性负责，不得为完成业绩考核任务等以各种方式授意、指使、强令会计机构伪造会计资料，编制虚假的会计信息。财务部门负责人则对会计信息生成质量负全面的领导责任。一般会计人员应当根据岗位分工情况，如根据会计科目设定科目责任制，根据实际发生的经济业务事项进行会计核算，填制会计凭证，登记会计账簿，编制财务会计报告。业务人员要保证经办业务的真实性。对于业务经办人员故意虚构业务报销，则不予报销；同时，建立员工的诚信档案管理制度，保证业务人员各项业务的真实可靠。对于财务人员，则进行会计质量信息与工资奖励等挂钩管理，建立岗位胜任管理制度，对于不能胜任岗位的人员则进行淘汰管理。

三、利用信息化平台进行科学管理

从 20 世纪 90 年代开始，会计电算化在我国逐步普及。随着近些年的发展，会计电算化逐步发展为覆盖财务预算、核算、资金、报销等方面的信息化管理体系。财务管理的信息化，加快了企业各项会计信息传递的效率，提升了会计信息质量准确性，提高了财务人员工作效率，减轻了财务人员工作负荷。在会计信息传递方面，信息化平台使得会计信息的传递不再依赖于手工纸质的传递，相关管理者能够直接通过网络化平台获取相关财务管理信息，大大缩短了信息传递的时间，降低了信息传递的时间成本。在会计质量的准确性方面，计算机的自动计算功能避免了很多在人工计算过程中容易出现的差错，使得会计信息的准确性得以大幅提升。对于会计人员来讲，使用计算机减轻了大量的工作，使得工作氛围有了更好的改善，进而是工作的激情和态度得以转变，能够以更加积极的心态从事岗位工作，对会计信息质量的保障也是一项进步。

第三章　IT 技术应用水平对财务管控的影响

第一节　传统会计在信息化时代面临的变革

会计是以货币为主要计量单位，以凭证为主要依据，借助专门的技术方法，对一定单位的资金运用进行全面、综合、连续、系统的核算与监督，向有关方面提供会计信息、参与经营管理，以提高经济效益的一种经济管理活动。财务管控则是在一定的整体目标下，关于资产购置、资本融通、现金流量以及利润分配的管理。财务管控是企业管理的一个组成部分，它是根据财经法规制度，按照财务管理的原则，组织企业财务活动，处理财务关系的一项经济管理工作。由此可以看出，会计的基本职责在于核算和监督，而财务管控则是以会计工作为基础，为达到整体目标而进行的一系列管理工作。

IT 技术应用对于会计工作的影响体现在以下几个方面:

一、会计学理论体系的变革

随着会计电算化和财务信息化的发展，随着信息技术的实现方式以及管理的需要的变化，会计和信息化相互融合，产生了信息化条件下的新的理念和管理思想，比如多主体的会计假设、不等距会计期间、会计分期、多币种等。信息化的发展要求对这些传统的管理进行变革，以适应现代工作管理的需要。同时，随着电子商务以及新技术的发展，对持续经营、权责发生制、历史成本原则等核心管理理念都提出了调整。在会计信息披露方面，越来越多的公司应用了信息化，传统的财务分析模型以及参考的财务比率不再适用，对传统财务分析模型管理学说形成强烈冲击。

二、会计语言及会计文化的变革

在信息化时代下，传统的会计语言和企业会计文化发生了很多变化。例如，会计语言中的一些核心词汇如记账凭证、账簿、报表等的作用逐渐淡化。现代网络技术的发展和数据库技术的深度应用，促进了财务管理乃至企业管理全面信息化的实现，使各级管理者和投资者可以实时通过企业网站访问会计信息系统中的共享信息。因此，制作凭证、记账、结账、出报表等将由信息的收集、存储、传递、处理、加工、打印等一些新生词语来代替，凭证、账簿、报表等原始信息、操作信息、分析决策信息等信息越来越淡化。

三、会计人力资源价值的变革

在信息化环境下，企业会计人员的素质、所扮演的角色、工作重点和工作价值将发生巨大变革。首先，工作工具和手段发生了巨大变化，由手工处理变成了计算机处理。由于大量的核算工作实现自动化以及电子商务普及发展，会计人员的工作重点将从“事中记账算账、事后报账”转向“事先预测、规划，事中控制、监督，事后分析、决策”，这是一种全新管理模式。同时，随着外部客户对会计信息需求的增长，会计人员不仅要承担企业内部管理员的职责，还要及时向外传递会计信息，为债权人、投资者、供应商和客户、兄弟行业、政府管理部门等提供职业化的咨询服务。此外，在 IT 环境下，会计人员不再仅仅是客观地制造和反映会计信息，而是使会计信息增值，并创造更高的效能。会计人员的作用更多地体现为通过财务控制分析参与企业综合管理和提供专业决策。

四、会计内部控制和外部监管体系的变革

随着近年来监管部门及企业自身对内部控制与风险管理意识的提高，会计内部控制与监督工作显得越来越迫切。特别是在 IT 环境下，会计信息的可靠性、真实性、完整性、一致性、安全性、可维护性、可扩展性等，有着全新的内涵。因此，如何设计在 IT 环境下的内部控制体系和外部审计体系，以实现对会计信息的有效监督和控制，防止风险，将是一个十分现实和迫切的任务。

五、会计组织机构和会计岗位设置的调整

信息化时代的明显特征就是业务流程的信息化重组，信息化重组又带来了组织机构的变革。在信息化的环境下，业务流程与会计管理重组与整合，会计人员与业务工作衔接越来越紧密，耦合程度越来越高，并形成了业务、财务融为一体的信息化管理机

制。在这样的情况下，财务部门作为一个独立的组织机构的规模将逐渐缩小，会计岗位设置需调整，更多的财会人员将成为各业务部门和企业综合管理部门的成员，为加强业务过程的财务管理和综合管理提供会计服务。

第二节
集团管控的统一门户化趋势

当前，集团信息化发展已由财务信息化集中建设向“模块功能集成、系统数据集中，业务涵盖全面、多级协同应用”的财务共享中心阶段转变。与此同时，财务数据的使用也从“信息孤岛、信息烟囱”向“端到端服务”阶段转变。集团管控统一门户作为信息“端到端”服务的重要入口，在财务信息化体系中起到的作用越来越重要，其定位也不断扩展。

集团化管控门户（包括企业统一门户、移动办公统一门户、财务共享中心入口）作为集团内用户访问的唯一入口，所有应用通过与门户（或统一入口）无缝集成，提升用户体验，提高财务信息化水平。

因此，对集团财务信息化和 IT 技术应用水平提出了更高的要求。结合笔者实践经验，认为应该从以下四个方面着手规划：

（1）集团建设集中化

以集团为建设核心，集中设计、集中实施、集中管理、集中部署、集中运维，构建集团层面统一的信息化平台，并由集团统一规划和协调系统建设，提升整体财务信息化能力。

（2）财务业务一体化

围绕“业务驱动财务”端到端的业务流程闭环目标，充分考虑外围业务模块的建设现状，实现业务与财务的无缝集成，降低数据衔接成本，实现财务业务协同。

（3）信息管控统一化

通过统一规划、统一标准、统一设计、统一建设和统一管理，统筹整个财务共享平台建设与推广，确保集团管控目标的 IT 技术管控落地。

（4）技术运用先进化

遵循理念先进、系统先进、架构先进的原则。在信息化发展各个环节不断引入先进技术和理念，充分利用虚拟化、企业服务总线、流程管理平台等技术，探索云平台下实现财务共享中心信息化的优质、高效发展，支撑整个集团信息化发展目标的实现。

一、集团管控信息技术架构原则

开放性：遵循国际和行业通行的信息技术标准，保证各类平台和应用系统之间能够方便地互通互联。

灵活性：基于面向对象的技术路线构建应用系统，构建模块化的应用系统；利用 SOA、服务总线、流程编排等技术，保证各模块的松耦合特性和配置上的灵活性。未来，将进一步全面构建完善的 SOA 体系，并实现集中、统一、可视化的流程编排。

规范性：构建完善、适用于集团财务的信息化标准体系，合理利用各类通用软件平台，在数据、安全、身份管理等方面实现规范化、统一管理。例如部署统一身份管理平台，集中管理全集团的用户账号和系统访问权限；在全面梳理主数据的基础上，部署主数据管理平台，保证所有应用系统中同类主数据的规范性和唯一性。

集成性：从界面集成、应用集成、流程集成和数据集成等多个层面通盘考虑，将集团的信息系统的登录统一、界面统一、流程统一、数据统一，并且具备决策分析能力的智能化体系。

二、统一的身份认证和个人工作平台集成

通过统一身份认证和单点登录的特性，将多个财务子系统整合在一个统一门户的用户界面下。用户登录门户系统时，只需进行一次身份认证，之后再从门户系统进入其他系统时，会采取单点登录机制，不需要再次进行身份认证。

信息门户同时作为用户的工作台，直接呈现等待用户处理的待办事项，用户通过处理待办事项完成日常工作，并且用户也可以及时得到事项处理完成后的反馈信息。

三、集成和推送应用内容、数据分析和预警

统一门户已经成为财务、业务信息化建设的必然趋势。通过 Portal 技术，可以将系统的功能、内容、图表、资源等在企业门户集成，栏目板块可以根据需要定制，从而支持不同管理级别的侧重要求。基于一些成熟的报表、图表分析组件，将财务共享数据中心的跨业务数据，形成重点关注的 KPI 图表、预警信息，直接推送在门户首页、总裁桌面、绩效看板中呈现，从而完成管理层向下要数据到主动向管理层推送数据的重大转变。

四、集团财务门户信息化架构和集成技术

现代集团财务系统技术架构充分借鉴互联网、物联网、移动

应用等理念，围绕“业务驱动财务”端到端的业务流程，运用 IT 新平台、新技术手段，如云计算、企业服务总线（ESB）、业务过程管理（BPM）等技术，形成一个标准的技术架构（如图 3－1）。

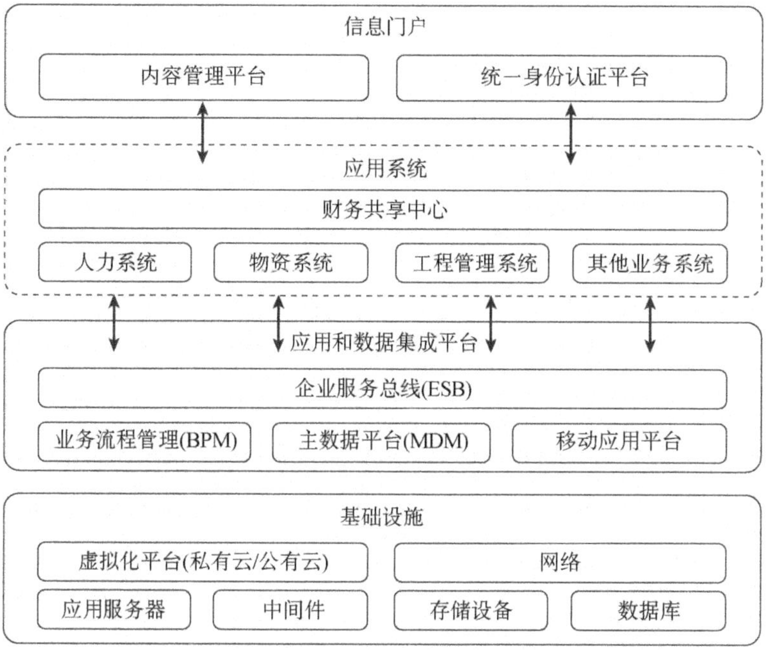

图 3－1　现代集团财务系统标准技术架构

总体框架主要包括信息门户、应用系统、应用和数据集成平台和基础设施四个部分。各部分的功能和关系如下：

信息门户包括内容管理平台和统一身份认证平台，实现个性化的集成工作界面，支持多渠道访问；支持 Web 页面内容发布和面向各应用系统的统一内容管理；通过统一身份管理平台，支持统一的身份管理、权限管理和认证管理和单点登录。

应用和数据集成平台整合各业务系统，实现数据和服务集成，构建面向服务的架构体系（SOA）。

应用和数据集成平台主要由企业服务总线、业务流程管理、主数据平台和移动应用平台几个部分组成。

企业服务总线用来实现集团各个应用系统之间的连接。应用系统在企业服务总线实现服务注册、服务接入、服务调用监控、服务路由，通过企业服务总线进行统一信息集成，避免点对点的紧耦合集成方式，实现服务位置的透明化和服务的虚拟化。

业务流程管理平台具备流程建模、流程管理、流程整合功能，以独立流程服务的形式出现，独立于工作流应用，以服务方式向工作流应用提供流程管理功能，使整个企业流程可以采用统一的数据模型和统一的状态管理。

主数据平台主要包括主数据管控、业务应用、业务管理等功能。

借鉴互联网、物联网、移动应用等理念，可通过移动应用平台，全面支撑移动设备接入管理、安全管理和移动应用管理。

基础设施包括网络环境、虚拟化平台以及相关的应用服务器、存储设备、中间件和数据库等。虚拟化平台是基础设施实施云计算的基础。通过虚拟化平台，各个应用系统按需访问网络共享计算资源池，只需最少的管理或服务即可快速供应和发布应用。

第三节 IT 新平台、组件化技术给集团化财务信息化创新带来可能

近十几年来，国家相关部委不断出台政策，加大扶持力度，促进我国信息化水平的不断提高。如：大力发展信息网络科学技术，加快发展物联网技术，重视网络计算和信息存储技术开发，积极发展智能宽带无线网络、先进传感和显示等技术，建设由传

感网络、通信设施、网络超算、智能软件构成的智能基础设施……信息技术使社会生产方式从“以工业化为主导”向“信息化与工业化融合”转变，信息资源已成为国家建设和企业发展的重要战略性资源。信息技术是信息化发展的基础，随着新技术研究的逐步深入，不断涌现的研究成果推动信息化在企业经营管理和生产运行过程中发挥越来越重要的作用。

以下新技术已经趋于或已达到成熟应用水平，其广泛应用能促进企业财务信息化更好地支撑企业战略发展的需要，有效提升企业创新能力。

一、面向服务 SOA 的应用和架构

SOA（Service – Oriented Architecture），是面向服务的体系结构，是一种系统架构模型，用于构造分布式应用。

（一）技术特征

它将松、散耦合粗粒度的应用程序功能设定为服务，并根据需求通过网络对服务进行分布式部署、组织和使用。SOA 能够帮助企业在一个新的高度实现企业架构中各种组件的开发和部署，以更迅速、更可靠、更具重用性等方式构建业务应用，提升信息化应用架构的灵活性，更好地应对业务需求的快速变化。SOA 被业界专家称为是与互联网等量齐观的新技术，它将使软件灵活、适时地适应业务的变化。

（二）作用与启示

提高集团财务信息化域 IT 系统的灵活快速响应能力和可重用性，降低了维护成本，降低了整合成本，降低了风险，提升了 IT 治理能力。通过 SOA 技术使得原本相互独立的财务信息系统，实现业务服务能力的重组和融合，使某项业务服务能力不再局限

于某系统内部，可以向更广泛的层面提供服务。

二、企业服务总线平台技术

企业服务总线（Enterprise Service Bus，ESB），是传统中间件技术与 XML、Web 服务等技术结合的产物，实现服务注册、服务接入，服务调用监控、服务路由等。

（一）技术特征

1. 屏蔽应用系统接入协议多样性，由企业服务总线实现协议之间的转换；
2. 便于将底层异构系统的访问封装为易于访问的标准协议服务；
3. 定义统一数据标准，进行应用之间的无缝数据交互；
4. 抽象和封装业务服务，对业务服务进行组合和编排。

（二）作用与启示

企业服务总线用来实现集团各个应用系统之间的连接。应用系统在服务总线实现服务注册、服务接入、服务调用监控、服务路由，通过服务总线进行统一信息集成，避免点对点的紧耦合集成方式，实现服务位置的透明化和服务的虚拟化。

三、业务流程管理平台技术

业务流程管理（Business Process Management，BPM），是规范化地构造端到端的卓越业务流程，以持续提高组织业务绩效为目的的系统化方法。

（一）技术特征

业务流程管理平台具备流程建模、流程管理、流程整合能力，以独立流程服务的形式出现，独立于工作流应用，以服务方式向工作流应用提供流程管理能力，使整个企业流程采用统一的数据模型和统一的状态管理。

业务流程管理平台包含流程服务接口、流程异常处理组件、流程监控组件和实时跟踪组件等，管理业务流程的整个生命周期，提供在平台上建立的各种业务模板，实现业务流程的快速建设需求。遵循 Web Service + XML 标准体系，支持跨系统工作流的统一配置和管理。

（二）作用与启示

企业有很多财务及其他管理制度、流程、知识散落在各系统、各部门中。通过统一流程平台工具进行流程绘制、呈现、审批、发布、评价、更新等，实现组织内部的信息共享和协同工作，从制度管理、组织岗位、战略绩效、风险内控、质量管理等多个管理维度实现流程的集成，打破管理的孤岛，形成以企业实际业务路径流程为基础的多个管理体系整合，实现整个运营管理体系的有效统一和落地执行。

四、电子影像扫描识别技术

采用电子影像扫描的信息化技术，财务人员可轻松将纸质单据通过扫描设备转换成影像文件，实现电子单据流转，各级流程无须等待纸质凭证即可审批。

（一）技术特征

电子影像扫描识别，包括影像采集、影像清分、信息采集，以及业务流程应用支持：

1. 影像采集：从特定的影像扫描硬件设备获取影像信息。
2. 影像清分：通过版面分析、特征定位抽取、模式匹配等技术，实现在批量影像采集的条件下对影像类型进行区分。

3. 信息采集：对影像内部的特定区域信息进行识别，将非结构化的影像内容转换为可用于查询检索的结构化数据信息。

4. 业务应用：提供影像调阅、驳回、补扫及版本管理等服务，为报账等业务流程的开展提供电子数据支持。

（二）作用与启示

传统的财务报销及合同管理模式已无法满足费用管控业务规范性、时效性、安全性的要求。仅仅依赖于报账系统的结构化信息，不能让异地的财务人员及时、全面了解该项业务的所有信息，因此必须配套实现相关票据资料的影像化、电子化。

借助影像管理技术，实现票据的影像化电子化，减少实物单据流转环节，并在报账支付等过程中实现电子影像调阅支持，从而达到提高审核效率、降低票据传递过程中丢失、缩短报销周期等目的。

影像管理更为重要的内容，体现在与统一报账、统一结算、核算系统等配合上：衔接各个财务业务系统之间的流程，使影像资料，例如电子凭证、增值税发票、影像水印、影像批注等，伴随各个业务系统的流转得到最大程度影像利用。

五、电子签章技术

电子签章技术以数字证书为基础，以数字签名为核心技术，将数字签名与印章图片以及被签章对象绑定在一起，为签章对象提供完整性验证和真实性验证。它是数字签名的可视化表现形式之一。

（一）技术特征

1. 签章方式：有多种签章形式，包括客户端签章、服务器端签章、Ukey 签章等。

2. 安全性：基于 PKI 的高强度安全技术，通过非对称的加解密算法，有效保证签名的合法性和数据安全。

3. 符合 PDF 标准的数字签名：采用更安全的方式验证签章和保护文档，防止敏感信息不被授权的修改。

4. CA 认证标准：支持国际标准签名验证机制和 CA 标准完全支持国际签名验证和 CA 标准，保证签章在各个平台上的有效合法。

（二）作用与启示

电子签章技术主要适用各类业务无纸化办公：财务信息化涉及大量单据申请、审批流程。在无纸化办公过程中，通过对单据进行电子签名、电子签章，保证单据的完整性和不可篡改性，实现财务审核无纸化办公的安全性，简化业务人员纸质单据流转环节，提高整体工作效率，降低成本。

六、大数据技术

“大数据”是一个容量特别大、数据类别特别广的数据集。

（一）技术特征

容量大：现代大型数据集，一般在 10TB 规模左右。在实际应用中，很多企业把多个数据集放在一起，已经形成了 PB 级的数据量。

类别广：数据来自多种数据源，数据种类和格式日渐丰富，已冲破了以前所限定的结构化数据范畴，囊括了半结构化和非结构化数据。

处理快：在数据量非常庞大的情况下，也能够做到数据的实时处理。

真实性：随着社交数据、企业内容、交易与应用数据等新数据源的兴起，传统数据源的局限被打破，企业愈发需要有效的手段以确保其真实性及安全性。

（二）作用与启示

通过大数据技术，提升企业各层级快速获取有价值信息的能力，对结构化、半结构化和非结构化的信息进行多样化、实时、海量的数据分析，发掘和探索深层业务价值，强化生产经营管理的计划性和管控性。实时掌握企业动态，迅速调整企业生产、销售等运营方向，制定更加精准有效的经营策略。

随着越来越多的财务业务数据得以采集，可以通过数据挖掘的方式发现问题，优化流程与服务。此外，通过共享服务中心方式，服务内部及行业客户，获得行业整体性数据。

第四节 集团管控的财务主数据管理新要求

由于过往财务系统建设的重点是在二级集团（即下级企业），因此形成了以二级单位为主体的财务部署方式，也就存在核心主数据难以统一的问题。根据以往财务信息化经验，在二级部署模式下，即使有较好的规划也会由于个性化业务及信息系统产品与实施差异，逐渐形成核心主数据大类的编码体系、分类标准与口径不一致等问题。对于集团化应用集成、数据集中的目标来说，主数据梳理、技术和管理方案尤为关键，是所有工作的基础前提。

一、主数据管理的业务出发点

主数据管理平台作为特殊的业务应用，集中生成并管理主数据，实现任何在应用系统中的基础类数据改变，满足各业务间信息的共享、交换的标准化以及业务范围一致性等需要。其目的是实现基础类业务数据的标准化以及维持其一致性的统一管理。

主数据管理旨在提供一个关于关键业务数据（包括人员、账号、组织等）的单一可信视图。企业主数据条目可以集中管理、集中分发，让所有业务系统和决策支持平台获取和使用完整、统一的数据，对保证集团财务数据质量起到至关重要的作用。

二、主数据管理的主要内涵

财务集中化管控的主数据管理一般应包括组织机构、人员、会计科目、账户、往来单位五大类主数据。

（一）组织机构

统一的组织体系能规范组织营业行为，表达单一营业行为组织间的层次结构关系，便于业务集中与分散处理。一个组织机构可以归属于多个组织类型，其中行政组织是每个组织的默认类型。除此之外，一个组织机构还可能是财务组织、资产组织、预算组织等其他类型。

（二）人员

人员包括企业各部门职员，并需要分部门、岗位等进行权限控制。

（三）会计科目

会计科目是填制会计凭证、登记会计账簿、编制会计报表的基础。会计科目设置的完整性影响着会计过程是否顺利实施，会计科目设置的层次深度直接影响会计核算的详细、准确程度。

（四）账户

针对企业内部员工及外部供应商，建立内部员工账户与外部客户账户的基础信息。

（五）往来单位

企业业务往来的客户、供应商的基本信息。

三、主数据管理的基本架构

为了满足集团财务集中化管理的需要，主数据管理系统的基本架构总体分为主数据应用管理和主数据接口服务两大部分。

（一）主数据应用管理

应用平台分为三层，分别是信息展现层、数据应用层和支撑平台层：

1. 信息展现层：主数据系统门户以及信息发布窗口。
2. 数据应用层：进行主数据维护、主数据申请、主数据变更、主数据审批以及主数据下发等主数据的核心管理。
3. 支撑平台层：支持主数据的动态管理，如数据建模、表单设计器、工作流以及编码生成等。

（二）主数据接口服务

通过统一接口服务（如 ESB 平台）以及标准接口服务规范，将主数据系统与其他业务系统对接，比如核算系统、预算系统、报账平台、人力系统、物资系统等，实现主数据的统一分发和同步管理，保证主数据的全局共享和一致性。

四、主数据管理的基本流程

集团化管控下的主数据维护，需要通过严格的申请、审批和分发流程，保证主数据各项操作纳入主数据平台的管控范围，对主数据的业务、数据合规性进行审查。需要确定各类主数据的申请和审批流程以及所涉及的环节。比如：人员主数据，由人事部门业务人员提出申请，人事部门进行主数据审批。有时为了满足管理需要，甚至还需要信息中心管理员做最后的审批处理才能完成主数据审批的整个流程，最终生成所申请的主数据并下发到各对接业务系统中。

主数据管理基本流程有：

（1）通过数据建模、主数据定义等组件构建主数据。

（2）填写主数据申请单、变更单发起主数据流程，发起流程之前首先要对主数据合法性进行校验，校验通过后才能提交到相关业务口审批人，业务口审批人对主数据进行审批。

（3）审批通过后会触发主数据分发事件，平台依据事先配置好的数据下发控制策略，通过接口将服务主数据下发到对应的业务系统。

（4）业务系统通过接口服务获取下发的主数据，更新本地主数据，更新成功后可使用新的主数据。

第五节 集团化管控的财务集中核算模式

随着信息技术在财务管理领域的不断深化应用，传统的财务核算模式发生着巨大变化。

一、传统的核算管理转变为预算、核算、分析、决策为一体的管理

财务核算在企业财务管理活动中将成为一项常规的管理事

项，在整个财务管理活动中的比例将越来越小，越来越多的财务人员将精力将投入到预算管理、财务分析、财务决策等活动中，与企业战略管理的关系也越来越紧密。

二、单一的财务核算将转变财务业务一体化的管理

财务核算将转变为一个企业经营的记录事项，财务管理活动内容越来越多地放到业务管理上，业务管理的信息化直接产生会计核算所需要的信息，形成财务业务一体化的信息化管理体系。

三、传统的财务核算管理转变为事前、事中、事后的全生命周期管理

随着近年来财务管理舞弊事件的频繁发生以及相关部门对财务管理要求的提高，越来越多的企业通过信息技术将财务管理活动的事前、事中、事后的全生命周期管理作为信息化管理的首要选择，以达到提升内部控制、防范财务风险的目的。

四、会计事业的国际接轨

在全球一体化市场环境中，随着信息技术的不断发展，特别是大数据、云技术的应用，传统的财务管理的信息化将朝着统一化、集成化发展，在应用领域将突破时间、区域等限制。越来越多的企业通过互联网直接向相关的信息客户发送可随时更新信息的联机财务报告。这一方面为会计信息走向国际并与其他产品一起参与市场竞争提供了物质基础；另一方面也要求会计信息的组织方式、结构、传递机构等逐步国际化和标准化，以建立会计信息的质量特性。

第六节
集团管控的财务共享中心服务模式

长期以来，国内企业财务部门的主要职能就是会计核算，重视报表的编报，重视对事后结果的计量与记录，没有更多地发挥财务管理的事前预测、事中控制、事后分析职能。传统财务“重核算，轻管理”已不能满足集团化发展的需要。近年来，越来越多的集团企业已经在实践向财务共享服务模式转型。

财务共享服务模式，通常包括财务应付、应收、总账等核算业务处理，员工费用报销、资金结算等处理。这种模式在提高效率、控制成本、加强内控、信息共享、提升客户满意度及资源管理等方面，都带来了明显的收益。

一、共享服务是财务业务一体化设计的驱动引擎

企业财务业务流程一体化是指通过信息系统使企业内部业务数据自动向财务系统传送，减少人为干预，做到数出一门、数据共享。一体化加强了财务会计对经济业务活动的及时反映和监控，减轻了财务人员的重复劳动，是提高企业管理水平和工作效率的有效途径。

财务业务一体化要求财务与业务高度集成，应本着“管理前移、系统集成、信息共享、内部控制”的原则进行设计和开发，通过科学的管理手段逐步实现财务流程化、规范化、科学化，使财务系统与业务系统之间的数据信息无缝衔接，并在财务与业务之间实现内部控制，凸显财务的管理与监控职能，全面提升系统

的整体工作效率和管理信息系统的集成度。

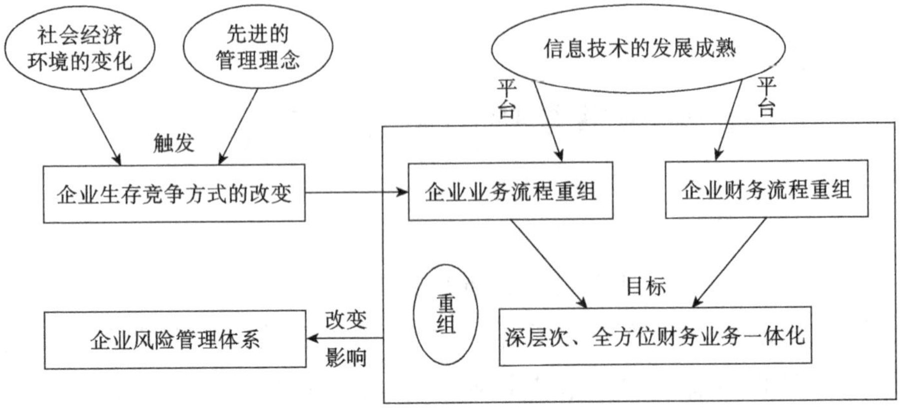

图 3－2　财务业务一体化逻辑图

在新的财务共享服务管理模式下，借助专业咨询，以财务业务流程一体化为导向，以服务信息使用者和提高企业价值为目标，以信息技术为基础，通过对财务共享服务的理念（理性基础）、财务共享服务下的组织结构、财务信息处理流程进行根本性的再思考，以集成化的方式，进行财务流程重新设计。

二、共享中心促进集团组织及财务领域职能进一步明晰

财务领域的职能可清晰地划分为财务管理和财务会计两个部分。这两个部分又可以细化为政策管理和业务执行两个层面。

（一）财务管理职能

管理要求层：进行财务管理模式的研究制定，就预算管理、成本管理、资金管理、风险管控等进行总部层面的研究设计，并根据集团各项财务管理要求制定政策和制度。

业务执行层：为实现财务管理目标所进行的常规业务处理，如季度或年度经济活动分析、资金计划执行情况的记录、绩效考

核中的损益统计、成本费用管理中的数据分析等。这些事务具有一般数据业务处理的基本特征。

（二）财务会计职能

政策指导层：进行国际国内会计准则研究，进行行业会计政策研究，对股份公司的会计政策要求进行研究学习，并制定相关细则指导核算操作层的具体实施，指导下属公司的会计核算工作。

业务执行层：在政策指导层的具体指导下进行会计具体业务的处理，涵盖从审核、制证、复核、出纳、票据档案及会计报表编制的全业务流程。

随着经济全球化的发展，财务管理模式呈现“战略决策支持、核算共享服务与业务支持”三足鼎立的格局，形成财务管理专业化、财务核算集中化、财务业务一体化的趋势。

通过实施财务共享服务，集团财务组织整体职能界面分工更为明确：总部财务的定位是战略财务，负责公司整体层面的财务管理及规则制定；分公司、子公司财务部负责总部财务管理政策的推进，对业务单位提供支持以及对共享中心提供核算支持；将财务核算工作纳入财务共享服务中心。

三者在工作职能上形成密切的协同关系，对财务业务、数据质量起到相互监督促进的作用。

三、共享服务财务管理制度建设，促进质量提升

财务共享服务配套制度主要包括两个层面：一是提升集团财务业务、流程、数据质量，建立规范内部财务、业务行为的标准化管理、执行规范；二是培育高绩效运营和服务能力，加强共享中心内部管理的规范化。

（一）标准化管理制度

表 3－1　　标准化管理制度主要内容

制度体系	制度列表	摘要	制度明细
标准化管理制度	流程及作业标准化管理规范	• 加强共享服务中心内部管理，规范现场标准化流程及作业管理工作，规范作业人员行为和专业流程 • 建立常态的标准化作业管理和考核机制	材料核算流程规范 成本核算流程规范 资金核算流程规范 总账核算流程规范 收入核算流程规范 职工薪酬核算流程规范 员工报销核算流程规范 实物单据管理流程规范 内部往来核算流程规范 固定资产核算流程规范 税金计缴核算流程规范 报表编制流程规范
	制度标准化管理规范	• 规范财务共享服务中心的制度及流程体系框架 • 制定、发布、修订流程及内容标准化管理工作	信息系统管理制度 运营优化制度 标准化管理制度 服务管理制度 培训管理制度 现场管理制度 成熟度管理制度 质量管理制度 绩效管理制度 政策及费用制度 业务流程 岗位手册 通知公告 业务指导 授权管理制度
	文档标准化管理规范	• 规范财务共享服务中心的标准化管理中的文档管理	项目会计档案管理流程规范

（二）运营管理体系

表3－2 运营管理体系

制度体系	制度列表	摘要
运营优化制度	运营优化管理规范	● 实现现有运营作业的持续优化，不断改进财务共享服务中心运营管理水平，提升工作效率，保证财务共享服务中心正常、高速运转
绩效管理制度	绩效管理规范	● 以中心经营战略和年度经营目标为指导，通过对员工工作绩效的评价，达到奖优惩劣，提升员工绩效水平
质量管理制度	质量管理规范	● 保证会计政策、财务制度的贯彻执行； ● 保证会计集中核算工作质量，促进会计人员提高业务水平和工作质量，强化质量观念
时效管理制度	时效管理规范	● 管理财务共享服务的业务运营，科学合理地量化共享中心的时效，规范和统计财务共享服务中心在流程各环节所用时间及表单积压数量
成熟度管理制度	管理成熟度评价规范	● 合理衡量与评价财务共享服务中心的运营管理能力，通过一定的指标体系量化的衡量共享中心的发展情况，并指导共享中心的管理改进方向
培训管理制度	培训管理规范	● 建立财务共享服务中心培训体系，拓展员工专业与非专业知识，提高员工综合素质
现场管理制度	现场管理规范	● 对办公现场的管理及员工个人行为进行相关规定，以创造整洁有序的工作环境，培养员工良好的工作习惯，提高工作效率与质量，树立良好的部门形象，确保财务共享服务中心的高效运营
系统管理制度	财务信息系统运维管理规范	● 规范财务信息系统运维管理工作； ● 为财务信息系统运维管理工作提供指导
	财务信息系统权限管理规范	● 规范财务信息系统权限管理工作； ● 为财务信息系统权限管理工作提供指导
	财务信息系统需求管理规范	● 规范财务信息系统需求管理工作； ● 为财务信息系统需求管理工作提供指导
服务水平协议	服务管理规范	● 规范财务共享服务中心员工的对外服务工作，梳理和制定常见问题的服务机制，让财务共享服务中心员工进一步树立服务意识和提升服务水平

四、共享服务为网上报账、费用管控提供支撑

费用管控是企业集团进行成本控制、降本增效的重要管理手段，但是传统手工控制模式不仅效率低、工作量巨大，而且控制效果也不尽如人意。随着现代信息和网络技术的发展，费用报销与管控信息化、流程电子化、控制与分析实时化等正逐步替代原有操作模式，不但提高了费用报销与审核的效率，而且大大提高了业务人员及财务人员的工作效率。更关键的是，费用管控信息化系统的应用，使得实时的预算控制与分析成为现实，各级领导、其他相关人员，可以实时分析和查询费用发生情况，为了解预算执行情况、成本费用发生情况等提供数据支持，从而为领导决策提供数据支撑。

通过建立统一报账平台，实现报账业务的电子化、标准化，并支持财务共享中心统一处理。

（一）报账申请

报账事项在线申请。报账类型包含事前申请和事后报账，报账事项包含员工费用报销（如差旅费、探亲费、业务招待费、出租车费、培训等）、供应商合同付款报账、无合同付款报账（如办公易耗品和其他小额费用）等。

（二）报账控制

报账过程中的报账控制，主要实现事前申请控制、费用预算控制、合同控制等。

（三）报账审批

报账事项的在线审批，审批过程中辅以电子签章，以及移动审批等多种方式。

五、标准化的作业管理，产生规模效应降低成本

作业管理是对财务共享中心接收到的不同工作任务进行统一分配、统一调度的管理平台。

通过建立共享中心作业管理信息化平台，将手工作业管理转换为线上实时、自动派工处理。作业平台以财务共享服务中心为组织实体，组织内不同岗位赋予不同的权限，以单据为作业对象，通过各类派工规则将系统内各类单据在各组织与用户间进行分配，由不同的作业岗位提取并处理。通过专业化分工和标准化管理，提高效率，保证财务数据质量，降低成本。作业分配示例见图 3－3。

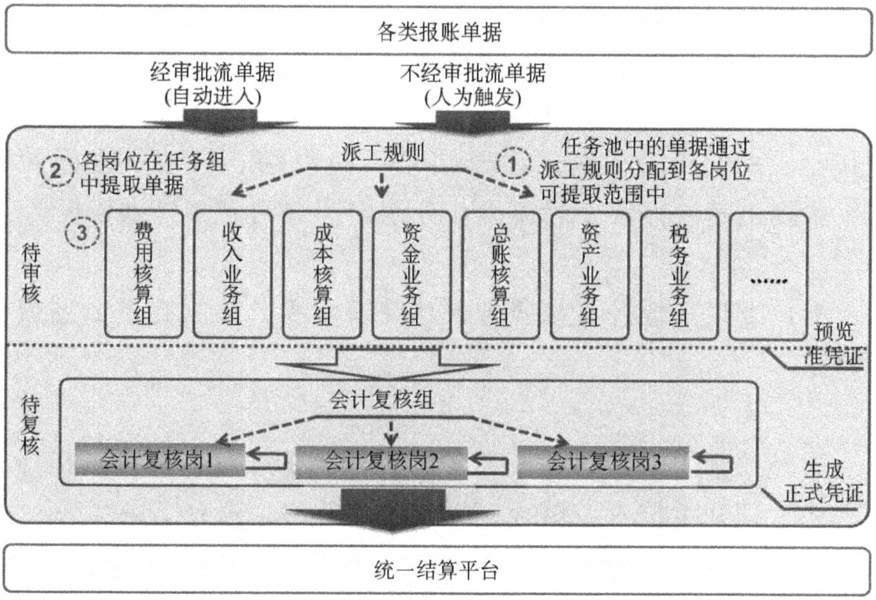

图 3－3 作业分配

作业人员：通过派工规则将进入作业平台中的任务，分配给不同作业岗位，并由作业人员进行处理。

作业组长：通过派工规则进入作业平台中的任务，分配到不

同的作业岗位后，还可以通过人工干预进行调整。

六、通过质量管理手段，提升整体服务质量

质量管理是分析财务共享中心工作成效的手段之一，也是人员绩效考核工作的重要组成部分。质量管理通过确定质量方针、目标和职责进行质量策划、质量控制、质量保证和质量改进活动，使其能够实现所有的管理职能。

质量管理包括质检任务制定、质检任务执行、质检任务管理、质检任务跟踪、统计分析五个主要部分。质检对象是共享中心中已经复核完成且已经关闭的单据。质量检查岗制定质检计划，定期稽核原始票据及网上抽检会计凭证，对每笔不合规报账做详细记录和追踪，形成日常质量报告和专项质量报告。

通过检查共享平台各个岗位人员是否按照操作规范及操作要求处理作业，提升中心所有员工的质量意识，产出符合质量保证的作业成果；同时，根据检查结果不断总结、归纳发生问题原因，并提出解决办法，为质检任务制定和规则完善提供依据。

七、立足于提升共享服务自身管理水平，建立完备的绩效管理体系

财务共享中心领导和员工全员参与，通过对各种考核指标监控，将管理和考核有效结合，提高运营效率，提升全员绩效。

可以通过绩效看板等技术手段，提供运营情况的动态报表，如工作量（个人标准单量查询、分组标准单量查询）、时效（单据复核时效）、库存（复核库存、待复核积压）等。看板的指标可以设计为工作量类、时效类、库存类，数据展现定时更新、滚动切换、图表结合。通过大屏幕动态展示员工及组织运营绩效，推动实现高效、高质的作业环境。

财务共享中心最终会作为利润中心，对集团各业态、各成员单位提供基础会计服务，并签订服务水平协议。系统支持将服务水平协议（SLA）对财务共享中心服务衡量指标、服务水平标准、服务质量标准等一系列衡量财务共享中心服务水平的因素，作为绩效考核指标及标准的一部分，并根据作业及质检情况自动计算绩效。

八、依托“银企互联”的新型结算、支付方式

统一结算服务主要用于对需要结算、支付的单据（借款单、报销单、付款单等）进行审核、整理和支付，并实现银企直连（与网银系统对接）、财企直连（与资金系统对接）等多种支付方案。

通过资金接口、网银接口进行支付时，实现将支付信息打包推送给支付系统，实现资金统一支付、收入确认，以及凭证传递、对账等业务。

随着互联网技术的发展，出现了第三方支付结算方式。第三方支付是指在交易双方之外，由第三方支付机构所完成的资金监管、托管行为和资金划付行为。在互联网环境下，通常是指非银行机构借助通信、计算机和信息安全技术在用户与银行支付结算系统间建立的电子支付模式。第三方支付服务机构可以在用户之间提供银行卡收单、互联网支付、移动支付、预付卡支付、电话支付、数字电视支付等多种形式的支付服务。第三方支付通过提供针对企业的定制服务，可以实现更灵活的支付结算等功能。

第七节
基于云计算的财务信息化创新趋势

云计算通过网络以按需、易扩展的方式向用户交付所需的资源，包括基础设施服务、平台服务和应用服务。用户通过服务方式访问所需的资源，从而降低信息系统资产总拥有成本、简化 IT 环境、增加信息平台的整体可用性、提高信息化运营效率，对信息平台的集约化建设和保障有着广泛的应用价值，为海量数据处理、数据中心集中化管理、运维人员集约化配置创造了技术条件。

一、云计算的基本模式

云计算服务模式主要有三种：基础设施即服务（IaaS）、平台即服务（PaaS）、软件即服务（SaaS）。

- 基础设施即服务是网络上提供硬件基础架构资源的一种服务方式。
- 平台即服务把开发环境作为一种服务来提供。
- 软件即服务是用户根据需求通过互联网订购应用软件资源服务。通过互联网以服务的方式提供给用户。这些资源都可以根据需要进行动态扩展和配置，资源在物理上以分布式、共享方式存在，但最终在逻辑上以单一整体的形式呈现，用户按需使用云中的资源，按实际使用量付费。

二、云计算的基本架构

按照云服务所提供的对象（外部客户、内部需求部门）可以分为公有云、私有云和混合云。

（一）公有云

面向外部用户需求，通过开放网络提供云计算服务。

（二）私有云

大型企业按照云计算的架构搭建平台，面向企业内部需求提供云计算服务。

（三）混合云

兼顾以上两种情况的云计算服务。

三、云计算的典型优势

借助云计算将信息、数据库、存储以及加工信息的软件保存在一个虚拟的平台上，在这个平台上做创新、服务、管理，将精力放在商业机会的获取和快速实现上。

- 资源共享：企业内部各部门共享资源，从而提高企业 IT 资源的使用率。
- 节约成本：为企业节省开支、降低企业运行的功耗，对系统进行动态管理和配置，使其与企业业务发展相一致。
- 简化模式：提供简单、快捷的企业云计算服务来满足企业扩张、产业链整合及创新升级需求。
- 提升管理：满足企业大规模服务、高扩展性、高可靠性、虚拟化和按需服务，实现企业的管控、业务协同、供应链管理、共享服务等。
- 促进转型：促进“从区域中心向全球性中心”的转型；促进新的商业模式形成；促进企业管理与创新。

四、云计算资源池的技术实施方向

根据业界经验，财务共享中心、数据中心系统应基于高通用性和低成本的云计算软硬件架构实现，通过新建或改造进行有效的资源整合，提升系统利用率和扩展性，降低建设运营成本，增强企业核心竞争力。

引入虚拟化和云计算技术，构建云计算资源池，实现 IT 系统资源共享与按需分配，是云计算的一个重要技术实施方向。

（1）集中的、跨应用系统，系统资源不再局限在某个应用甚至某个部门。

（2）资源池的建设、配置、采购不应与具体项目捆绑。

（3）与具体应用无关的横向维护，在应用和 IT 资源之间的界面清晰，运维管理各司其职，责任明确。

（4）资源管理应依赖于自有专业团队而不是原有各系统集成商，能够最大化缩短需求响应时间，满足应用按需申请资源、快速上线的需求。

（5）建立合理的 IT 资源服务和资源使用质量考核机制，真正促进资源的合理应用，降低成本并提高效率。

五、财务共享中心、数据中心的云计算发展趋势

IT 系统实施云计算资源池，需要在 IT 系统建设和运维管理方面进行变革。构建云计算资源池带来的影响，本质上是 IT 管理组织架构、制度和流程的变化对于企业 IT 系统发展的影响，而这是云计算发展的必由之路。

从现有的应用趋势看来，“公有云”有望占领大部分市场份额。在“公有云”服务模式实际应用中，考虑到企业面临数据私密性、安全性保障以及兼容性要求，云服务提供商会进行相应的

平衡调整，在“公有云”平台上实现特定的“私有云”服务，使企业云服务基础投资、私有化和管理需求得到最大化满足。

云服务的投资不仅仅是技术上的变化，也是流程、业务接口，甚至是文化上的变化。在进行云服务建设的时候，建议先从相对简单的基础设施即服务平台入手，然后逐步过渡到相对复杂的平台即服务云计算平台。

采用公有云服务、引入服务器虚拟化技术，构建云计算资源池，实现 IT 系统资源共享与按需分配，是云计算的一个重要技术实施方向。在此基础上，根据 SOA 架构对财务信息化系统进行服务化改造和整合，构建财务共享数据中心，打好集团财务集中化管控基础。

第八节
互联网时代下财务管理新入口

随着移动互联和智能手机应用不断普及，现在几乎人人都在用即时通信 APP 进行语音、文字甚至视频交流。与此同时，企业在进行财务信息系统建设时，也愈来愈强调“全方位服务”理念。移动应用不只是在手机上运行软件那么简单，它涉及移动场景的业务需求，通常都是碎片化的节点应用，不强调在移动端上实现完整的流程，而且应用针对性极强，操作也简单。移动应用使企业信息化应用场景完善、扩展，让信息无所不在。移动应用已成为互联网时代下，企业财务信息化管理非常重要、便捷的新入口和信息获取渠道。

一、移动应用 APP

随着移动应用 APP 的普及，在一个移动应用中集成较多的财务共享服务功能成为趋势。通过企业定制的 APP，可以将员工商旅的申请、机票酒店预订、事后报销整个流程集成到移动应用中。能够通过移动终端的方式发起报销申请、报销审批，并依托员工信用机制进行事后抽样审核，大大提升了业务人员的报销时效和满意度。

二、微信企业号

除了常规的移动终端 APP 接入方式，在移动 IM（即时通讯）领域，微信已经基本确定其主导地位，在移动社交领域也占据着绝对“垄断”地位。与服务号或订阅号不同，微信企业号是为企业或组织提供的公众账号，只有限定范围内的用户才可以关注，这个范围被限制为一个企业或组织。企业号发送的信息量不受限制，能够帮助员工内部、企业外部上下游供应商沟通，以及企业连接自己的应用。

未来，依托微信企业号进行的交互（如报账、审批、查询）等服务将成为一种趋势，对财务共享服务中心和员工、供应商、客户之间的交流与服务大开便利之门。同时，利用微信等移动应用平台进行财务共享服务中心运营管理系统的构建也将成为可能。

三、财务移动应用样例场景

财务移动应用场景多为碎片化场景，在此以报销单移动填报审核（APP、微信）为样例场景（见图 3－4），简要说明通过移动应用作为财务管理新入口的应用形式：

（1）作业类用户可以使用移动终端进行报销单的填录；

（2）管理类用户在移动终端收到相应的审批消息提醒，同时通过移动终端进行快速审批；

（3）决策类用户使用移动终端可以进行财务数据的查询、分析，通过多样的图表展示形式，辅助决策类用户进行事项决策。

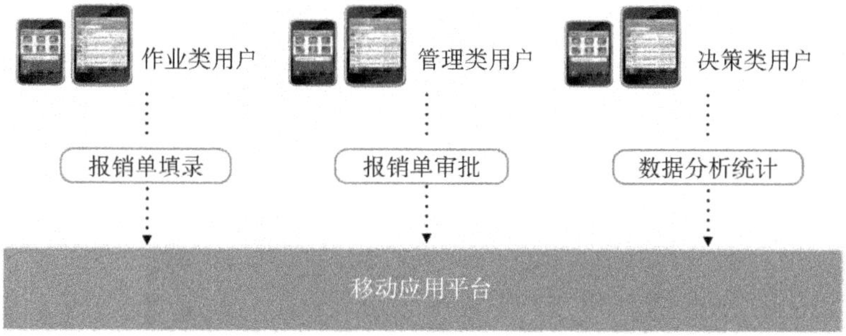

图 3-4

总之，IT 技术的日新月异，为集团财务管控及企业财务信息质量提升奠定了更好的基础和更多的可能。财务工作者应该吸收最新的 IT 技术和信息化理念，服务于财务的信息化。

四、微信集成平台整体应用案例

微信集成平台是为企业快速实现基于微信提供开发接口的企业信息化应用，如基于微信的移动办公应用、微网站、微调研、微考勤、通讯录、新闻资讯推送、微招聘、微名片等。微信集成平台的基础框架见图 3-5。

该基础平台主要包含以下内容：

1. 微信基础接入组件：提供快速的微信企业号、公众号（服务号、订阅号）的接入配置服务。

2. 统一用户管理组件：集成微信企业号的通讯录、公众号的粉丝信息，对微信端的用户进行统一管理，建立微信端用户与企

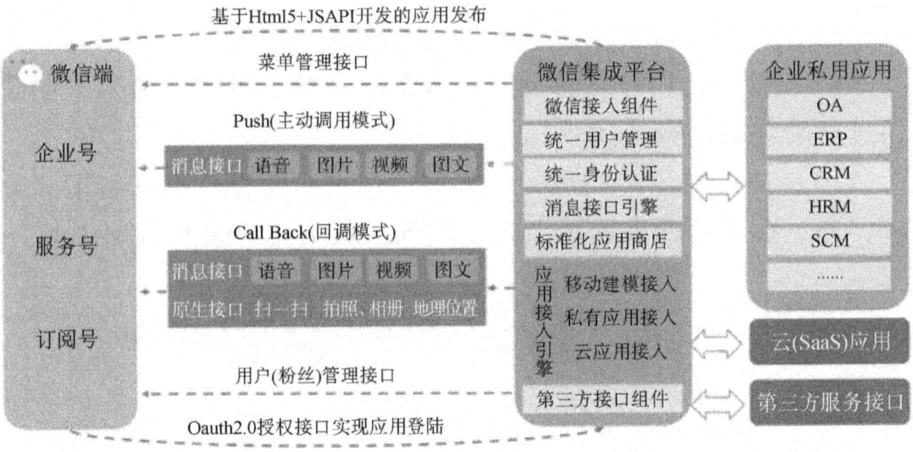

图 3-5 微信集成平台基础框架

业内部信息系统用户的衔接关系。

3. 统一身份认证组件：基于微信提供的 Oauth2.0 授权接口获取微信客户端用户信息，实现自动账号匹配登陆，让微信用户免登陆访问企业内部信息系统。

4. 消息接口引擎：对微信端提供的消息服务接口进行统一封装实现，接收微信端用户发送给企业号、公众号的信息（文字、图片、语音、视频、地理位置、菜单操作）进行处理，并将处理结果通过信息（文字、图片、视频、语音、图文）返回给用户，主动向用户推送（文字、图片、视频、语音、图文）消息。

5. 标准化应用商店：微信集成平台还提供了一些固定的应用功能如通讯录、微信考勤、微信投票、网上调查等。

6. 应用接入引擎：提供第三方系统已有手机 Web 应用的接入服务，如可以通过配置快速接入 OA 系统实现移动办公，接入移动建模系统，实现个性化的应用内容，接入其他第三方系统将业务系统的 PC 办公转移到微信中进行。

7. 第三方接口组件：集成了一些第三方的常用接口如百度地图接口、语音识别接口、名片识别接口等，帮助企业更好地应用这些接口来实现一些特殊的应用。

第四章　IT 技术应用水平对财务信息编报的影响

第一节　传统财务信息编报的局限性

传统财务信息编报的基本目标是向信息使用者提供对其决策能起到支持作用的财务会计信息，而信息披露则要公开提供这些财务会计信息。传统财务会计信息披露方式就是以财务报告为主的披露形式。虽然财务报告的形式多样、内容丰富，但已经越来越满足不了信息技术环境下的要求，信息使用者对财务会计信息时效性、真实性、完整性、多样性等方面的需求日益增强。

一、信息披露时效性不足

财务会计信息披露的一个重要质量要求就是及时性。因为时机一旦错过，信息的价值就会大打折扣。上市公司依据会计准则，一般是定期信息披露，大多集中在上市公司年度报告中，滞后期长达半年至 1 年，忽视了信息的实时性。而对一些重大事件的披露，仍倾向于将有利于己的信息及时披露，不利于己的信息延迟披露。企业内部管理层所需的管理信息，也由于各种各样的因素，导致提供给企业管理层人员的信息不及时。

二、信息披露真实性不足

客观真实是对会计工作的基本要求，也是实现会计目标的基础，不真实的财务会计信息披露将严重影响信息使用者正确决策，也干扰了证券市场的健康发展。

三、信息披露的完整性不足

传统财务会计信息披露中，财务信息多，而非财务信息少，而后者对信息使用者也具有重要意义。对于财务信息而言，不少上市公司在信息披露中，对公司有利的财务信息过重披露，而对不利于公司的财务信息披露不够充分和完整。比如：对关联企业之间的交易、企业偿债能力、或有负债的具体内容、对资金投放去向、利润构成、一些重大事项等的披露不够充分和完整。

四、信息披露的多样性不足

传统财务会计信息披露采用手工书面报告为主的形式，借助标准的、通用的报表及其附注为载体，向有关管理部门报送，或者通过指定的少数报刊登载，严重限制了信息报送的及时性，忽略了各种不同使用者在需求上和使用上的差别。

第二节
信息化时代下财务信息编报的特点

由于计算机网络技术的大量普及与应用，对于企业内外部管理者及相关信息使用者来说，无论是财务会计信息的生成、传递还是报送，都可以通过快捷、有效的信息技术手段来实现。因此，在 IT 环境下，财务会计信息披露又具备了许多新的特点。

一、信息披露时效及时性要求高

在信息化环境下，充分利用计算机网络技术的优势，可以突破时间和空间的限制。上市公司只要把需要披露的信息，包括一些无须独立审计的自愿性披露的信息，以及非财务的信息，传送到网站上并及时更新，信息使用者就可以在任何时间、任何地点，以最快的速度获取所需的最新财务会计信息，从而增强决策的时效性。

二、信息披露技术数字化和网络化的要求日益提高

在 IT 环境下，企业利用先进的计算机网络技术、数据库技术、多媒体技术和系统集成技术，全面实施 ERP 系统，财务业务处理高度协同，使数字化管理成为可能。在连接母子公司的高速网络上，实时传送所需的各种数字化财务会计信息、业务信息，为上市公司全面共享、多角化生成、利用相关信息进行辅助管理和决策提供平台。对于外部信息使用者来说，他们也可通过公网

进入指定的网站及时获取充足的相关信息，为正确投资决策提供参考。

三、信息披露内容多种、形式多样

在 IT 环境下，财务会计信息披露的内容呈现多样化的特点。对于财务信息，既有年度报告又有中期报告，既有历史信息又有预测信息，既有定量信息又有定性信息，既有总括信息又有明细信息，既有实物资产数量信息又有无形资产、信息资产的价值信息，既有公司总体信息又有分部信息，还有公司公告、衍生金融工具、物价变动等信息。对于非财务信息，既有公司背景、发展历程信息，又有公司战略规划、目标、发展前景信息，还有环保、社会责任信息。

四、信息披露成本效益日益提高

在 IT 环境下，利用计算机网络的强大优势，财务会计信息提供者可以把需要披露的信息通过一定方式制作成电子文档，在网站公布，或者电子邮件群发，一次上传多次使用，大大降低传统方式下制作、传输、发布财务会计信息的成本。一旦上传到网站上公开的信息，就立刻受广大范围用户的监督，也从一个侧面保证了信息披露的真实性。而财务信息使用者通过高度共享的网络随时随地、以最低成本获取和使用相关信息。这将最大限度地降低信息披露的成本，同时通过提高信息的使用率，使用财务会计信息的价值达到最大化。

五、信息披露需求个性化要求日渐提升

传统财务信息披露是按照企业会计准则的基本要求而提供通

用的财务会计信息供用户使用，信息使用者处于一种被动接收信息状态。在 IT 环境下，信息使用者可以通过计算机网络，建立起与财务会计信息提供者的良好交互平台，把自己的需求告诉给企业，企业在提供通用化的，保证客观性、可比性等质量特征的财务会计信息的基础上，根据实际情况有针对性地订制适合用户个性化需求的财务会计信息。

六、信息披露安全风险程度高

在 IT 环境下，快捷、高效、实时都是基于一定安全保障。如果失去安全屏障，计算机网络和信息必定会面临各种各样的安全威胁，诸如人为破坏、计算机病毒、木马程序、非法入侵、系统的漏洞、黑客攻击等，都可能使财务会计信息的客观性、完整性、可靠性大大降低，从而比传统方式下产生更大风险。

第三节
利用信息化提高财务信息质量的对策

一、建立健全相关法规，强化制度约束机制

公司法、证券法、会计法等相关法律法规，制定了利用信息技术进行财务会计信息披露的条款，从法律法规的角度明确了披露的对象、内容和责任，规范了各方面的行为。相应的会计准则进一步明确披露信息的规范，使信息披露的通用性、差异性、实时性、真实性得到充分体现，并以此指导实务工作。证券监管机

构要加强对上市公司的监管力度，对虚假信息披露行为给予坚决打击和严肃惩处，发挥好中介机构对披露信息的监督作用，建立以会计准则为核心的会计信息披露规范体系，加强对上市公司的治理，完善内部控制体系，从源头上控制虚假信息的产生。

二、完善披露内容，提高信息披露的相关性

在传统方式下，财务会计信息的披露内容偏重于有关经营活动的财务会计数据，特别是当非经营性信息和反映经营风险程度的信息披露比较少且不够及时时，比如：偿债能力、分部信息、社会责任、预测性信息、关联交易等要进行改革和完善时。在 IT 环境下，要全面披露财务会计信息和非财务会计信息。在日常披露中，可以随时发布企业的日常经营成果和财务状况的信息，比如即时财务会计信息、重要事件、交易或事项发生时的信息、重大事项公告信息等。除了财务会计信息外，要加大对企业发展战略、市场竞争优势、人力资源优势、企业的潜在市场等非货币化信息的披露。要针对不同工作性质、专业水平等应用需求层次不同的信息使用者按需提供个性化、多样化的信息，对披露信息通过计算机网络建立与用户充分交流的实时平台，在线收集、解答、反馈信息披露中的各种问题，努力提高披露信息的有效性。

以广晟公司为例，为了完善披露内容，提高信息披露的完整性和相关性，满足不同层次使用者的需求，公司引入了报表管理平台，在财务报表的基础上增加了业务报表，并建立业务报表和财务报表之间的钩稽关系，既提高了财务数据的完整性，也提升了财务数据的质量。

（一）财务报表

1. 快报、季报、中报。

（1）集团财务快报管理。集团公司财务快报体系包括按披露

的相关报表、上报集团公司的相关报表、内部管理所需要的各种报表。

（2）财务季报管理。集团公司财务季度报表体系应当满足目前集团公司季度财务管理、分析之用。因此，公司财务报表体系范围包括省广晟公司及下属机构，报表类型包含股份公司相关财务主表及附表、其他主要会计数据，报表周期为季度。

（3）中报管理。集团公司财务中报体系范围包括省广晟公司及下属机构，报表类型包含资产负债表、利润表、现金流量表、集团内债券债务情况、施工收入构成、施工成本构成等情况。

2. 决算报表。

集团年度决算管理。集团公司财务年度决算报表体系包括上报集团公司的相关报表、内部管理所需要的各种报表。

3. 功能流程。具体流程为：

- 运行接口程序，抽取核算系统数据进行上报。
- 汇总单位（集团）数据汇总，对数据进行审核、上报。
- 集团财务部通过系统审核和合并，生成集团层面的合并底稿，自动进行抵销分录。对于不能抵销分录的凭证进行手工调整，形成集团层面的财务报表，同时自动生成相关部委的快报数据。
- 快报数据上报。

（二）业务报表

1. 数据填报管理。该模块提供数据录入功能，用户可以在该功能界面手工录入业务数据，对已经录入的数据系统提供修改功能。模块可以就用户输入的不合理数据进行提示，确保数据的正确性。此外，提供数据审核功能，根据业务实际操作中对数据之间关系的事先约定，来确保数据的输入数据的合法性。

系统主体采用B/S结构，各级用户通过浏览器录入数据，并通过浏览器完成数据查询、分析等工作。

（1）离线客户端。考虑到某些单位还不具备良好的网络条件，系统还提供了一个离线录入客户端程序。该程序可单机运行，专用于数据的录入、审核和上传。在单机运行模式下，该客户端程序可将用户录入的数据暂存在本地。当网络连通时，该程序可将客户端暂存的数据按约定的格式发送给服务器。

考虑到需要填报表单和指标可能会发生变动，而桌面客户端程序需要本地安装，为减少用户安装、维护的工作量，我们将需要填报的指标、表单、审核关系、审核规则、枚举字典等业务规则和信息参数化，用元数据来描述。具体定制的元数据信息打包成参数文件，一旦桌面客户端程序加载参数文件，桌面客户端程序再次启动时，相应的输入表单界面、界面样式、运算公式、审核逻辑、枚举字典信息等就更新了，从而实现了桌面客户端程序的自动升级。

（2）参数自动更新过程。每次桌面客户端程序启动后，如果网络连接正常，桌面客户端程序自动与服务器取得联系。比较当前桌面客户端程序的元数据和服务器元数据的版本号，如果版本相符，则桌面客户端程序自动进入录入模式；如果版本不相符，则桌面客户端程序从服务器下载最新的元数据。桌面客户端程序将最新的元数据加载之后，桌面客户端程序需要填报的表单、指标、审核公式和枚举字典等就更新了，从而实现桌面客户端程序的自动升级。

（3）参数版本控制。离线客户端在上报用户录入的数据时，如果此时离线客户端所依据的参数版本与服务器上当前的版本标识不一致，服务器便会拒绝接收上报过来的数据，并回复反馈信息，提醒操作用户更新离线客户端的模型版本。这种强制的版本检查与更新机制保证了数据的一致性。

可实现业务运行中的所有周期、所有业务的数据录入，如月报、季报、周报、日报以及中报、决算等。具体功能简述如下：

- 支持多种标准格式数据（如 TXT、EXCEL、XML……）

直接通过浏览器上传到服务器，服务器检查数据后，将数据处理后存储到数据库。

- 支持多种形式的报表，如：行列固定表、行浮动表、卡片。
- 对用户填写完毕的数据进行上传前的预先检查，报告与校验规则不符合的条目。
- 对数据库内部指定月份以及范围的数据进行批量校验，报告校验结果。
- 用户录入编辑数据时，提供方便查看填报说明的功能。填报说明是指上级对数据收集的时间、周期、填报口径等说明性文档。
- 支持区域选择、全选及数据的复制、粘贴功能。
- 当要求填报的表单比较多时，要求提供分组功能以方便用户选表编辑。
- 用户在录入编辑数据时，提供方便查看历史数据的功能。
- 支持单独指标上报及指标的运算功能。
- 批量导入功能。
- 数据录入界面提供单位搜索功能。
- 数据录入界面提供财务数据提取的功能。可设置报表单元格数据录入顺序。
- 按事项填报的数据表单提供卡片录入方式。
- 按事项填报的数据表单可按指标排序，并可按编码自动分级合计。
- 可在线打印报表数据。
- 支持计量单位元、千元、万元、吨、万吨等的系统设置，实现自动转换及舍位平衡，一张表中既支持金额的舍位，同时也支持业务量等单位的舍位。

（4）数据审核。业务数据之间是有着密切关联的，它们常常要满足一定的逻辑关系。本系统中，允许用户制定这种关系，并随时提供业务关系审核功能，保证纳入系统的业务数据的正确性。数据审核提供输入数据的合法性和合理性的检查。

- 数据的合法性审核是检查输入的数据必须满足的条件和要求，它具有强制性，没有通过合法性审核的数据将不被允许存入数据库中。

- 数据的合理性审核是检查输入的数据在具体环境下的“常规性”。合理性审核不具有强制性，它只是提醒用户，数据允许存入数据库中。

（5）结合以上两种类型的审核系统提供了相应的功能，具体功能简述如下：

- 逻辑审核：数据的合法性审核主要是通过公式来实现。
- 合理审核：数据的合理性审核通过公式来实现。
- 预警机制：对超出预设警戒线的数据进行提示。
- 审核错误数据能自动定位出错位置。
- 直观提示当前光标单元格的指标名称及所有相关公式（包括计算、审核公式）。
- 各单位上报报表数据必须先经过审核，审核通过允许上报，反之则不允许。

2. 数据运算。

对一些利用公式生成的中间值指标进行计算存储，用户只需要维护中间值指标的运算公式。使用数据运算功能可以减少数据录入量，并提高工作效率，保证数据的正确性。

（1）运算的单元格无须用户填写。

（2）提供自动运算的功能。报表数据任意时间段的自动计算，自动运算可以禁止。

（3）提供非自动运算功能。

（4）进行表内及表间指标的运算。

（5）对某张报表的指标数据进行运算，对本单位所有指标数据进行运算。

（6）提供对单位数据进行批量运算的功能。

（7）批量运算时，可以选择参与运算的单位及要运算的报表。

3. 上报情况纵览子模块。

为了方便管理单位快速查看单位状态信息，系统提供了单位上报状态统计功能。系统设置未上报、已上报、已退回、已确认四种统计的状态。所有分（子）公司上报情况要有统计，并产生统计报告，未报单位系统能够自动提示。

4. 数据导入导出子模块。

（1）通过离线客户端填写，通过短时间网络连接进行数据上传、下载，或通过导出数据文件传输至上级单位，由上级单位导入本系统。

（2）通过本系统可识别的 EXCEL 格式数据导入系统。

5. 数据多级同步子模块。

系统提供多级部署情况条件下，实现数据库对数据库的同步功能，同时满足手动触发和计划任务自动执行数据同步任务。

6. 外币折算。

在系统中制定外币业务指标，对需要进行外币折算的指标使用指定的汇率计算方式进行折算，并针对不同单位使用不同的公式方案进行运算和核对，从而保证折算后报表汇总的准确性。

三、完善编报方法，结合 IT 技术应用提升财务数据质量

前文已经提到利用信息化提高财务信息质量的对策，但如果没有一套科学的编报方法与体系，即使信息化手段再先进，也不可能从根本上提升财务数据质量。因此，既需要完善编报的方法体系，也要结合 IT 技术，将体系转化为信息化的实现方式。

以广晟公司全面预算信息化系统为例，为了提升编报的质量和效率，在信息化建设之前，公司首先梳理了整个预算编报的方法和体系，从而提升编报时效性和数据质量。

一是切实发挥好集团总部在编制过程中的统领和总控作用。

集团总部财务组织管理机构要依据企业战略规划、市场分析预测、可控资源、内部运营情况以及以往年度预算执行情况等因素，对未来的主要经营指标进行估测，对各种可能的变化情况进行模拟，选择确定主要预算目标并编制方案，作为各部门、各层级、各单元预算编制的目标指引；通过实施“先总后分、总分结合”和“先下后上、上下结合”等编制流程，强化集团总部的统领和总控作用，提升战略执行力和预算准确性。

二是以经营预算为基础，推动经营预算与财务预算、投资预算与资金预算的有机结合。业务部门处于市场前端，要做好主要产品产量、主要经营业务规模与效益等指标的分析预测工作，确定年度经营计划；投资管理部门要围绕企业战略和业务计划，结合企业资金保障状况和投资项目预期效益，合理确定各项资本性开支的规模与标准；财务部门要依据各类预算编制情况，结合预算标杆和资源配置模型，详细测算财务资源的承受能力和重大支出的预期效益，综合确定各项财务预算指标，模拟现金流量，并对各类分项预算的合理性和可行性进行财务审核，以提升企业预算的合理性和可行性。

三是根据业务流程特点，针对不同的预算项目探索采用固定预算、弹性预算、零基预算、滚动预算、作业预算等不同的预算编制方法。有条件的企业，预算要逐级逐步细化到以季度、月度为周期的基于工作计划的滚动预算，并与中长期规划有效衔接，更好地保障战略实施。

（一）目标设定

年度目标设定流程是指根据外部环境变化和公司战略，通过对公司内部运营情况和以往预算执行情况进行分析，对公司未来预算目标进行估测，并对预测的结果进行分析。通过对各种可能变化情况进行模拟后，选择与公司战略目标最协调一致和最具有可行性的方案，最终确定为各单位的预算目标。

（二）中长期编制

中长期预算是以战略为出发点，在确定企业战略目标的基础上，对达成战略目标的过程进行分阶段规划安排，统筹协调企业生产经营活动所需的人力、物力、财力等各项资源，将各项资源以数量化或货币化或行动方案的形式描述出来。因此，中长期预算是一系列管理活动的陈述，目标是确保达成企业战略目标。从计划的时间跨度来分，分为长期战略规划、中期战略计划。

经营目标是中长期预算编制的驱动要素。中长期预算是以企业总目标为导向，在明确目标的基础上进行的测算与编制。长期预算主要包括长期战略规划，中期预算可分为3～5年计划，两者都是围绕企业战略经营目标进行测算和分解来展开。

中长期预算在充分分析企业外部环境和内部环境的基础上，从实际出发，以企业历史经营情况为基础，制定企业战略发展方向和战略目标，然后对企业内部价值链进行分析，找出企业价值创造点，通过各项计划提高价值创造水平。中长期预算是企业更好的发展和创造利润的一个保障，在企业长期战略规划和年度全面预算之间起着承上启下的作用。

（三）年度编制

预算编制中数据填报功能主要完成预算数据的采集导入工作，实现中长期预算、年度预算和月度预算的编制功能。

集团全面预算报表分组包括：财务预算、经营预算、投资预算、资金预算等。我们将结合集团的设计方案，定制系统中预算报表样式以及运算审核关系。

系统中预算编制能够采用多种方式进行实际操作。可进行在线填报，能够通过EXCEL等格式进行导入，可通过EXCEL的离线方式填报后上传，也可进行系统间的接口进行数据提取。实际应用中，客户可根据环境和应用的特点，进行不同填报方式的选择，也可多种方式组合进行，更好地支持预算数据的填报。

系统应支持以下功能：

1. 在预算模板中根据指标的属性在预算编制时录入相应信息，包括文本信息、数字信息、日期信息等。

2. 支持将预算单位预算编制工作落实给具体的责任主体，各责任主体根据职责权限匹配不同的预算内容，对应各预算基础表，确保系统查询、数据编制速度流畅，支持下年度预算编制可利用以往预算年度编制结果和执行分析结果，为下年度预算编制提供依据和数据样表，减少录入工作量。

3. 支持预算基础表、预算表编制过程中的数据共享、自动计算、钩稽关系检查和错误提示（包括按照计算公式和审核公式进行表内、表间审核）等。

4. 支持单元格锁定、实时运算等功能，提供与 EXCEL 的直接复制、粘贴、选取特定区域数据进行百分比调整等功能，用以提高用户工作效率，减少反复输入。

5. 支持根据预算样表的关联关系，设置关联公式，减少重复录入；并以比例、图表、进度等直观方式对预算目标进行导航设置，依据预算编制过程的先后顺序，指导预算编制工作。

6. 支持预算编制报表的版本控制，支持版本复制、删除、归档和对比等功能。

7. 系统支持预算周期选择功能，包括：年、半年、季、月、旬、周等多预算周期选择。

8. 支持预算维度类别和维度档案管理，建立预算维度定义、维度成员和属性。

9. 支持至少 10 个维度、维值，具有层级结构，维值间可建立链接公式。

10. 允许采用 EXCEL 或单机版的方式，多个用户可以离线编制，编制结果导入预算系统。

11. 支持批量多种文件格式的数据信息导出，包括报表样式和数据。如：EXCEL、TXT、PDF、HTML 等格式。

12. 支持通过预算表授权方式，将不同的预算指标分别分发给不同人员进行预算编制。

13. 支持人工录入方式和通过数据接口从其他系统提取数据进行预算数据的采集。

14. 用户在录入编辑数据时提供方便查看填报说明的功能。填报说明包括上级对数据收集的时间、周期、填报口径等说明性文档。

15. 用户在录入编辑数据时提供方便查看历史数据的功能。

16. 支持二级公司根据个性化管理特点灵活定制。二级公司的个性化需求可以上报给集团，在集团层面统一定制。

17. 系统自动按层级关系逐级汇总。

18. 提供辅助计算功能，实现自动运算、非自动运算。支持单表运算及多表、多单位批量运算功能。

19. 系统根据权限控制，支持类似 EXCEL 的修改、增加、删除和修改行，并能实现罗列汇总、分类汇总、合并汇总。

20. 支持区域选择、全选及数据的复制、粘贴功能。

21. 支持单位灵活切换及单位搜索功能。

22. 预算编制的状态包括：未上报、已上报、已退回、已确认等状态。系统支持预算报表的批量上报，且下级单位上报后，数据不允许修改。

23. 提供方便的录入和数据管理，提供系统单元格和整表复制、粘贴功能，以及自动数据运算、自动汇总、自动分解等数据处理技术。所有经营预算编制支持版本保存、对比、分析，并可根据不同场景模拟保存不同预算条件下的预算编制结果。

24. 能够按照业务口径，按不同方法进行各预算科目的编制，即可以在系统中自定义编制方法或选择编制方法，可以按预算科目、项目、客户、产品、工作计划（DU）等不同维度进行编制及查询。

（四）月度编制

在月度预算的事前控制中，每月月初财务部门根据月度、年度预算和预算执行进度给各部门下达财务指标，指导业务部门制定本月业务预算。月度预算不是总预算在各月份间的简单分配，而是根据上月度预算的执行情况和总预算的进度，以及实际情况的变化重新作出的更符合实际的安排。这里就有一个以上月月度预算差异分析结果为基础的调整措施。

月度预算的事中控制主要是财务审核，即各级财务部门根据下达的财务指标对各级业务部门的日常业务进行审核，保障预算目标的实现。这里的重点环节是支出审批，与差异分析的关系不大。

月度预算的事后控制是通过差异分析报告来反映预算执行进度、指标完成情况及分析建议。它要达到三个目的：一是提供决策信息；二是指导下月预算；三是提供考核依据。其中，月度预算执行结果的差异分析起着主导作用。通过以上阐述，我们可以看到差异分析处于月度预算的事后控制环节，但是它又指导下月初月度预算的制定。正是通过这种机制，它把每月的预算有机联系起来，有效保证了年度预算目标的实现。

（五）滚动编制

滚动预算又称连续预算或永续预算，是指在编制预算时，将预算期与会计年度脱离。随着预算的执行不断延伸补充预算，逐期向后滚动，使预算期始终保持为一个固定期间。系统能够支持定期滚动预算，并在期间内实现“远粗近细”不同颗粒度的滚动预算（见图 4－1）。

将原定预算结果不断修改，也是滚动预算优于普通年度预算之处。这是因为，预算有两大作用——考核和计划。作为考核，沿用正式的预算是正常的；但作为计划和资源配置的重要工具，

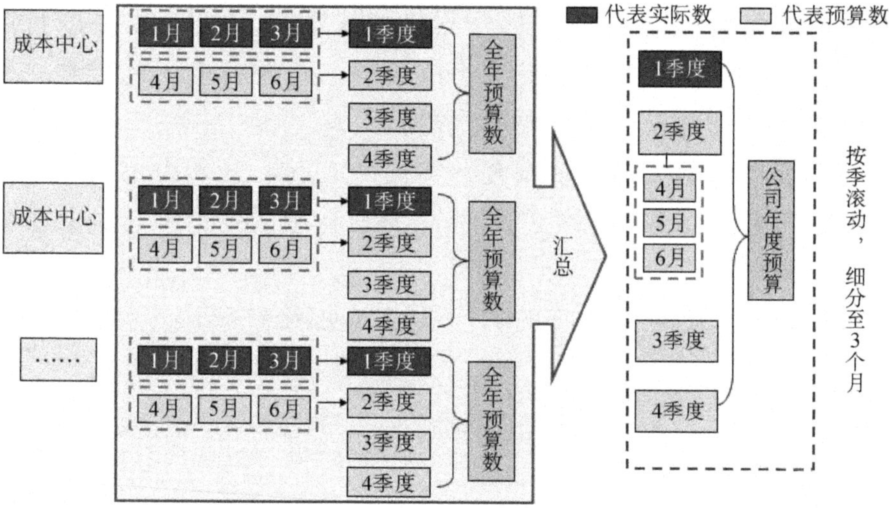

图 4－1　滚动预算示例

预算是前一年制定的，到实际执行时情况可能已经变化，原来的假设可能已不适用，所以要有最新的预测来指导经营决策，滚动预算起的就是这个作用。但滚动预算一般不太会作为更新的考核指标，以确保在目标设置上预算的权威性。所以滚动预算不是不断修改目标，而是不断修改预测的结果，以指导最新的决策。

从修订预测结果的角度看，滚动预算作为预算调整的一种方式，在不断修订过程中对同一数据的预测在不同滚动时期必然产生多个预测结果。对于滚动调整系统可以保留完整的调整痕迹和数据版本，并可对不同版本数据进行对比分析。

季度预算一般为滚动预算，可走全流程也可以局部滚动，这取决于管理模式和过程跟踪分析的需要。季度预算根据考核管理要求，一般为半刚性或非刚性预算。项目的月度预算汇总得出季度预算，项目预算盘子可以配合季度批次计划按季度下达。

（六）数据汇总

数据汇总可以实现预算数据实时的、横向、纵向、逻辑上的汇总。数据的横向汇总即对分支机构或下属单位的数据进行归并；数据的纵向汇总是将粒度小的数据汇总成粒度大的数据；数据的逻辑汇总是按逻辑概要层次进行汇总。

系统根据定义的汇总设置，实现由节点汇总（由下级单位直接汇总入上级）和选择汇总（将任意机构中的数据汇总到某个指定的机构中）。

预算汇总提供了丰富的功能支持（见图 4 –2）：

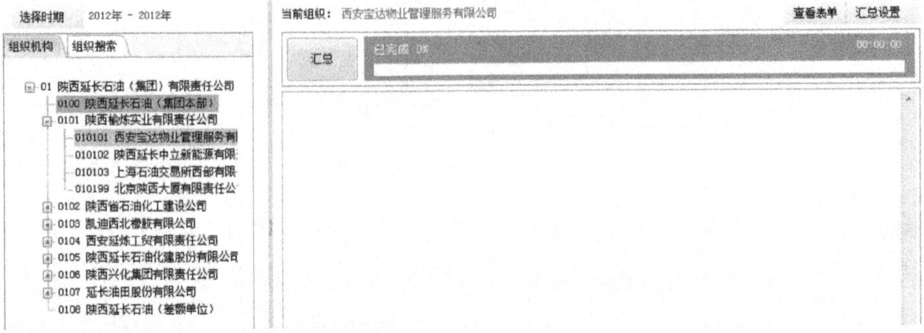

图 4 –2　预算汇总界面

1. 支持预算数据对某项指标或维度数据的汇总，实现将粒度小的数据汇总成粒度大的数据。

2. 支持预算报表在汇总单位实现差额表的运算生成和报表合并。

3. 支持常规汇总功能，按地区或时间等维度自动汇总。

4. 支持按照业务板块、单位级次等多种维值汇总。

5. 支持按照单位级次关系将下级单位的数据进行叠加，并将处理过的数据汇总到上级单位，即由下级单位的数据汇总得到上级单位的数据。

6. 支持将任意单位中的数据汇总到某个指定单位中，对源单位的选择没有限制。

7. 支持预算汇总的灵活选项配置。

8. 支持预算汇总历史记录的查询。

（七）数据合并

合并业务范围包括：内部资产转移抵销、内部购销业务抵销以及其他业务抵销。

预算合并功能就是在预算汇总的基础上，根据系统设置的抵销规则，实现集团内部交易、投资关系数据的合并抵销后，生成集团的预算合并数据。集团的预算报表合并主要集中在油气板块。系统将根据集团的设计方案，提供抵销数基础表的设置，将各二级业务板块报表预算汇总到油气板块，再根据系统的合并抵销计算形成油气板块综合报表预算；将各资源板块预算报表汇总到集团，通过合并抵销计算形成集团综合报表预算。系统支持根据集团的业务要求满足其他板块扩展性需求。

预算合并功能比起预算汇总来说，生成的集团预算数据更加真实和完整，但功能设置上要更复杂一些，主要包括合并基础设置和合并操作两类功能。合并基础设置包括：合并单位范围设置、合并规则设置、合并体系设置，主要是根据集团合并要求具体订制。合并操作功能主要是站在用户使用角度来完成合并计算操作过程。

集团用户可以根据选择的单位与规则，通过合并抵销功能，生成各资源板块预算报表抵销数据，然后完成合并，形成集团完整预算合并报表。

（八）数据平衡

各级单位编制预算并经过审批后，上报到上级单位进行汇总平衡。集团预算管理部门根据上报数据，修订年度目标，并再次下发分解年度目标，修订预算内容。预算平衡包括：平衡策略设置、数据提取、汇总平衡。

1. 平衡策略设置。平衡策略设置主要是设置维度和指标的汇总及平衡方式方法。系统通过编制表样设计界面“汇总设置”或平衡表设计界面的“平衡策略”，进行此表样的汇总设置及平衡策略。在维度页签中选择预算报表对应模型的所有维度列表（包括系统维度），设置此维度是否参与汇总，也可设置其维值来源。

2. 数据提取。系统通过源指标和目标指标的设置，进行平衡规则数据源的制定。选择的指标均为当前表样的指标，源指标单选，目标指标支持多选。最终系统将源指标的数据提取设置到目标指标上并显示。

3. 汇总平衡。在编制预算报表上选择一个需要平衡调整的区域，通过点击编制界面菜单栏中的平衡下拉菜单项，进入平衡表录入界面，用户保存数据后，系统将自动按照此平衡表的平衡策略及编制表维度显示的情况进行汇总并回显。不可编制指标将显示为绿色。

（九）审批和下达

年度预算审批是指在成员单位（公司）各预算责任中心预算编制完成后，先经过预算工作小组综合平衡和审核，并经全面预算管理常设机构汇总和审核后报本级全面预算管理决策机构审批。预算下达是指在对全面预算管理常设机构综合平衡后的预算进行审核，经与所属预算责任中心讨论沟通后，确定最终预算方案并正式下达。

（十）数据版本

在预算目标确定和调整、预算数据编制上报，以及预算分解、测算等过程中，需要将预算的历次数值和多次修改后的数值都保存起来，以便于不同数值的查看、比较、分析等。

本系统支持预算数据的多版本管理。版本的管理将融入系统中各项主要功能模块，提供版本的定义、不同数据的存储、查看、对比等功能，并能够按照预算科目或预算编制机构等口径查询各个历史版本的预算记录（见图4-3）。

1. 系统提供灵活的预算编制流程，并保存各环节预算版本。

2. 集团公司可以由上而下下达预算指标。分支机构编制预算可生成指标与下达指标值、历史指标值比较。编制过程中可在已有版本上进行修订、调整，生成新版本。

3. 系统对预算版本有提交、查询、驳回、批准的功能，用户可根据实际业务情况自定义审批流程。

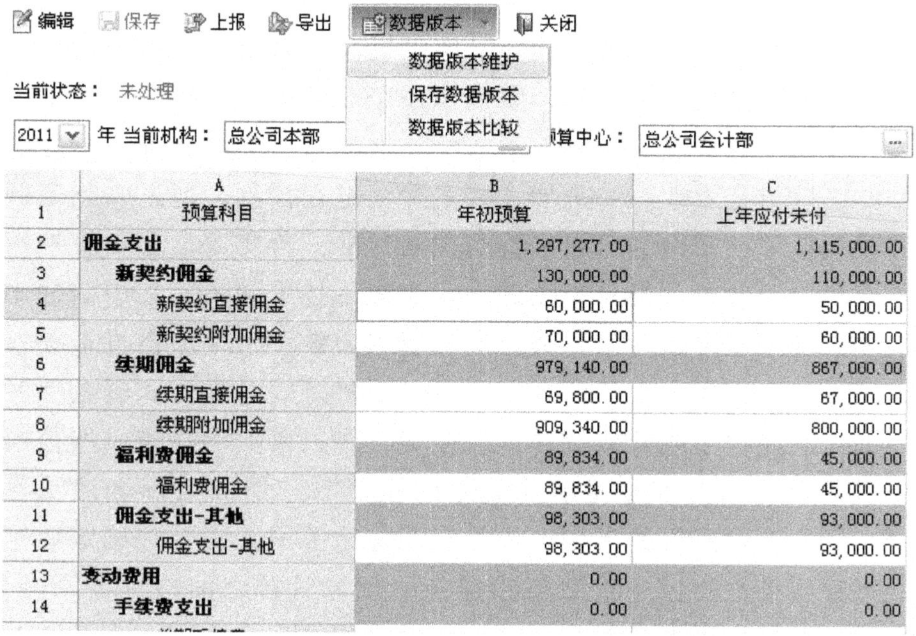

	A	B	C
1	预算科目	年初预算	上年应付未付
2	佣金支出	1,297,277.00	1,115,000.00
3	新契约佣金	130,000.00	110,000.00
4	新契约直接佣金	60,000.00	50,000.00
5	新契约附加佣金	70,000.00	60,000.00
6	续期佣金	979,140.00	867,000.00
7	续期直接佣金	69,800.00	67,000.00
8	续期附加佣金	909,340.00	800,000.00
9	福利费佣金	89,834.00	45,000.00
10	福利费佣金	89,834.00	45,000.00
11	佣金支出-其他	98,303.00	93,000.00
12	佣金支出-其他	98,303.00	93,000.00
13	变动费用	0.00	0.00
14	手续费支出	0.00	0.00

图 4-3 预算版本设置界面

预算目标的制定和调整、预算数据的编报与修改，以及不同预算方式、不同管理需要等，将使预算数据产生不同的版本。不同版本之间的数据会有一定的关联，可进行对比分析等。系统将对这些数据版本统一管理，并提供版本之间的互相比较和复制。

1. 能够进行预算数据多版本管理，及多个版本的保存和对比分析。

2. 各版本的数据对比直观、清晰，能够在同一界面、同一表格、同一单元格展现。

能保留年度预算编制迭代反复编制过程中所有版本数据和审核意见。

四、加强关键指标执行控制与分析，努力提升财务管理的运行质量

各企业在财务管理工作中，要以提高运营质量、努力为未来健康发展提供保障为目标，紧紧抓住企业的关键性指标，从最终财务数据，甚至是从业务前端入手，加大管控力度，确保财务数据准确性与有效性。一是加强成本费用过程控制。通过强化定额和对标管理，明确制定成本费用控制标准，落实成本费用管控责任，积极推动各单位采用改进生产流程、技术创新、集中招标采购等措施压缩可控费用，努力实现降本增效。二是加强投资项目控制。各企业在确定年度投资项目时要坚持效益优先和资金保障原则，严控亏损或低效投资，严控资金难以落实的投资，严控超越财务承受能力、过度依赖负债的投资。三是加强现金流量管理。结合企业面临的市场形势、创现能力等因素，合理确定赊销和库存规模，加强应收款项和存货的预算管控，加快资金周转，提升现金保障能力。四是加强债务规模与结构的预算管理。通过对预算资产负债率、带息负债比率等债务风险类指标设定合理的目标控制线等措施，严格控制债务规模过快增长；结合速动比率、流动负债比率等指标分析，优化债务结构，切实防范债务风险。

以广晟公司费用管控系统为例，为了提升财务数据的质量和可追溯性，系统专门梳理并建设了监控与分析模块，以提升财务数据的可靠性；并通过分析，改进后期经营过程和进一步提升数据质量。

（一）日常执行

日常执行是指不同业务的实现，例如借款、还款、支付、报销等，且不同的业务设计不同的科目数据。主要业务分类如表 4－1。

表 4－1　主要业务分类

业务类型	具体实现业务
借款预付	借款预付主要提供员工借款、供应商预付款等预付性质付款申请（即借：其他应收、预付，贷：现金），该借款预付完毕后生成待还款销账单据，以提供还款时的选择。
	待还款销账单据与相应的借款预付单据一一对应。
	供应商预付款需要有合同支撑，没有合同的预付款需要走特殊审批流程。
还款销账	还款销账主要是在直接还款、资金支付、费用报账、工程挂账等情况下提供待还款销账单据的选择。
	还款销账可以在报账人环节进行，也可以在核算审批环节进行，数据来源为由借款预付流程归档后生成的待还款销账单据。
	报账人可以在查询待还款销账单据界面点击“直接还款”按钮发起直接还款（即借：现金，贷：其他应收、预付），或点击“资金支付”发起资金支付销账（即借：应付、其他应付，贷：其他应收、预付），或点击“报账还款”发起费用报账（即借：成本，贷：其他应收、预付），或点击“工程还款”发起工程报账（即借：工程，贷：其他应收、预付）。
	对于发起的费用报账、工程报账业务遵循其相应的规则（合同、审批流程等）。
资金支付	资金支付主要是针对已经通过费用报销、工程挂账等环节挂账但未付款的单据，或各类代收款、押金等（即借：应付、其他应付，贷：现金），在需要付款时提供的选择。选择的数据来源为由费用报销、工程挂账、各类代收款、押金、计提待付款等流程归档后生成的待资金支付单据。
	有合同的挂账付款时受合同限制。
	可以分多次付款。
	借款预付—还款销账、费用报销（工程挂账、物资采购）—资金支付，构成完整的往来核销数据流程。

续表

业务类型	具体实现业务
费用报销	提供差旅费、招待费等付现类费用报账。付现类物资请领等单据填写和流程审批，费用报销涵盖所有的付现成本报账（即借：成本，贷：应付、其他应付、现金）（借：成本，贷：存货）。
	报账时可以选择还款销账。
	单据生成凭证归档后，如存在挂账情况的，挂账记录按生成的会计分录逐笔生成待资金支付单据，以提供资金支付时选择。
	报账时可以选择合同，报销的单据及挂账成功后的资金支付单据均受该合同限制，公司统一规范必需的合同报账类别。
	属于活动项目的费用报销，需选择相应的活动项目，并受活动项目预算控制（活动项目必须先立项）。
	付现类物资请领：从物资管理系统中领取、退料付现类物资，并进行预算控制，生成凭证。

（二）动支申请

动支申请适用于无定额和预算、没有编制细项的费用类项目及所有资本支出类项目，业务经分级审批执行后，进入报销及资金支付审批程序。

申请由业务人员发起，自业务人员在系统中发起申请单。申请金额不能大于当前可用额度。业务人员打印申请单，持纸质申请单在系统外进行各部门、各级领导审批（审批流程参照具体的管理规定）。业务人员持审批后的纸质申请单到财务部，财务预算管理岗根据审批后的申请单对系统进行确认。如果领导批复的申请额度有变动，财务预算管理岗根据申请单的批复额度进行修改，并审核锁定申请单，申请单不能修改，系统以财务预算管理岗修改后的额度进行冻结。财务预算管理岗在纸质申请单复核位置签字。

（三）报销控制

网上报销过程中，能够实时显示预算数据与可用额度信息，用户填写报销内容后，进入系统的报销审批流程。根据报销科目或内容不同，自动进入相应审批流程，送达到相应审批人员处。对于一些定额标准的费用，在网上报销单据中能够设置定额标准控制策略，实现个人的定额预算报销。对于网上报销事项，系统可自动生成核算软件的记账凭证，通过接口设置实现实时凭证传输。

通过系统对预算执行进行有效控制，对预算执行过程出现的偏差及时调整和修正，能提高企业的运营效率，完成集团的绩效目标。针对集团全面预算的具体情况，全面预算控制方案应该区分预算内、超预算、预算外事项控制流程及方案，以实现对投资、人力、生产经营业务系统实时动态控制，加强预算执行事前的审核，各类预算执行情况可以进行不同的控制流程。对于预算内可以简化系统审批流程，提高效率，对于超预算/预算外事项增加审批层级体现预算刚性控制。

对于不同作业或项目所产生的费用，能够按照不同的方案进行整合，如按照部门费用总额进行控制、按照项目的业务活动或费用类别进行控制等；并且对于不同部门或特殊业务活动的控制，可以根据需要进行方案搭配，从而更为紧密地贴合各种实际应用情形，设定方案进行控制。

1. 事前控制。

事前控制是指对业务发生前的用款申请进行监控与审核，从而有效避免错误申请以及超过预算申请的情况出现。系统通过确定申请审批制度与流程实现对预算执行的事前控制，在成本费用使用之前根据预算系统反馈的预算额度、已用额度、可用额度等信息进行审批，申请、审批、报销、付款将按照流程中的处理数据进行控制。对于已经申请的预算资金，系统自动给予冻结，以免被其他人申请使用。通过在不同方案下的不同控制，系统能够查询各科目权限内的使用额度，并自动展示在相关表格或单据中。比如，在进行费用类用款申请提交申请单时，系统能够查询到该项费用该单位/用户权限内的额度，并显示在“可用额度”项目中。系统通过控制规则将申请数据与可用额度进行比较分析，对相应情况进行控制，如“通过”“拒绝”“预警提示”等。控制点如下：

（1）用款申请监控。在提交用款申请时，提取预算数据和执行数据，计算出可用金额与申请数对比，判断申请金额是否符合预算执行要求。

（2）审批流程设置。根据管理需要设置预算科目的审批流程，在预算申报时系统自动显示建议审批流程供呈报人参考。

（3）监控强度设定。能够对资金预算科目自定义分类，甄别实施刚性控制（申请金额不符合刚性标准则驳回申请）和柔性控制（申请金额不符合柔性标准则提醒）。

（4）控制方式设定。可分为月度控制、阶段控制、单项控制、总额控制，并根据控制类型的不同（刚性控制和柔性控制）系统能够自动做出不同等级的控制反应。

2. 事中控制。

事中控制是指在业务进展过程中，系统可根据报销或者入账的单据与预算数据建立钩稽关系，进行数据的对比以及审核，从而达到对预算执行的监控。

（1）报销申请监控。类似用款申请监控，在报销申请时，系统也将提取预算数据和执行数据，计算出可用金额，并与申请数对比，判断所要报销的金额是否符合预算执行要求。

（2）监控强度设定。能够对资金预算科目自定义分类，甄别实施刚性控制（申请金额不符合刚性标准则驳回申请）和柔性控制（申请金额不符合柔性标准则提醒）（同事前控制）。

（3）控制方式设定。可分为月度控制、阶段控制、单项控制、总额控制，并根据控制类型的不同（刚性控制和柔性控制）系统自动做出不同等级的控制反应（同事前控制）。

（4）数据的共享与交流。其他系统例如核算、资金、投资等数据按照要求的频率，通过接口程序将其他执行数据传入预算管控系统，从而配合预算执行控制。

（5）指标监控与预警。预算系统通过差异分析表和预算执行进度分析表对重要指标进行监控，当执行数据（或余额）与预算数据相差过大或根据当前进度情况不能按照预算计划完成本年目标时，系统则提供相应的提醒功能告知系统用户。

（6）触发式预警。预算系统提供了计划任务功能，计划任务定期启动一个预警条件检查器，检查是否有重要指标的预警边界条件被满足，然后给出相应提示，从而实现周期性执行预警结果。

（7）全面的查询功能。可实现在权限内对最新滚动预算、已审批结束预算、审批中预算、预算执行进度等进行多维度的查询，从而实现预算执行的可见性及可控性。

3. 事后控制。事后控制是指在业务发生之后，系统将实际费用与预算目标进行对比分析，从而对之后预算监控计划做出调整，并为下一期的预算计划提供依据。

（1）预算执行情况分析。通过部门、项目、科目汇总申请、审批及使用的明细，以及预算余量值等多项数据的分析得到详细的预算执行情况，并对当前预算执行的风险进行预警。

（2）数据挖掘。在预算执行情况分析界面，可以查看对比各指标的汇总数据值，通过数据挖掘功能，深入分析此数据的构成和具体来源，从而实现数据由粗到细、由上到下的分析过程。

（3）全面的查询功能。可实现在权限内对最新滚动预算、已审批结束预算、审批中预算、预算执行进度等多维度查询，从而实现预算执行的可见性及可控性。

（四）预警控制

根据系统内置的逻辑及控制规则，系统能够自动辨识预算执行数据的状态，对于需要提醒注意的预算数据，系统可以通过设置进行自动预警。如，系统能够设置预算执行进度的预警区间。在申请预警区间的科目预算，系统将自动进行警告提示。预警的形式可以灵活设置，也可以通过多种形式展示。如，能够在单据进行申请和审批时进行提示预警，能够在用户的系统首页进行异常执行进度的预警，也可以进行预警功能的相关设置，从而通过 E－mail 或手机短信的方式为客户提供预警信息。

根据系统内置的逻辑及控制规则，系统能够自动辨识出预算执行数据的状态，对于需要提醒注意的预算数据，系统可以通过设置进行自动预警。预警控制功能建立在系统的公式引擎和计划任务的基础上，包括预警指标定义、数据挖掘和预警触发。

1. 预警指标定义。在预警指标定义功能中，用户可以选择需要预警监控的预算指标，并定义预警触发的边界条件和相应的提示信息。一个预警边界条件对应一个值域范围。预警的边界条件不外乎下面两种情况：

（1）针对预警指标与其他预算指标预算数据的某种对比值的值域范围。

（2）针对预警指标的预算数据与预算执行数据的某种对比值的值域范围。

预警区间可以通过公式引擎来定义。通过预算执行进度的预警区间，在申请预警区科目的预算时，系统将自动进行警告提示。

2. 数据挖掘。在预警的展示结果界面，可以查看对比指标或关注指标的汇总数据值，通过数据挖掘功能，深入分析此数据的构成和具体来源，实现数据由粗到细、由上到下的分析过程。

3. 预警触发。预警触发是指预警边界条件计算的时机。本系统提供了计划任务功能，计划任务定期启动一个预警条件检查器，检查是否有预警边界条件被满足，然后给出相应提示，从而实现周期性执行预警结果，并且支持考核结果的自动计算。

预警的形式可以灵活设置。如，在单据申请和审批时提示预警，在用户系统首页进行异常执行进度的预警。也可以设置相关预警功能，从而通过 E－mail 或手机短信的方式为客户提供预警信息。

（五）分析工具

1. 多维查询分析。多维查询分析具有灵活的分析功能、直观的数据操作和分析结果可视化表示等突出优点，从而使用户对基于大量复杂数据的分析变得轻松而高效，以利于迅速做出判断。

用户可通过维度、科目、组织结构的切换实现数据查询、分析对象和指标的切换，从而达到层层预算分析的目的，对于领导关注的数据或者异常数据能追溯到最基础来源，甚至到凭证级，以便企业全方位、更深层次地掌握预算执行情况。多维查询主要通过多维方式对数据进行分析、查询和生成报表。

OLAP 的基本多维分析操作有钻取、切片和切块以及旋转等。支持表格和图表的展示，同时系统还支持灵活变更查询条件和查询内容，实时展示查询结果，并将多维查询结果导出为 EXCEL 等。

（1）表格查询钻取。通过单击过滤区中对象名称的下拉框，可以修改过滤条件，查询结果会根据选择的过滤条件，实时刷新显示（见图 4－4）。

系统还支持按照度量区域中设置的度量排序方式进行排序显示。单击度量名称前的图标，修改排序的度量和排序方式；实现多维旋转分析，即将结果表行列转置；可以将当前查询结果导出为 EXCEL 文档，便于存档和查看。系统针对钻取和表格展示，还提供了多种方式，更符合使用者的查看习惯和业务需求。

（2）图表查询。为了使查询更加丰富，满足不同用户的不同需求，OLAP 可以根据当前的查询，尽可能自动生成有意义的、美观的、各种类型的统计图表，包括六种图：折线图、直方图、堆积图、饼图、面积图、多坐标轴图，同时支持图表属性配置，

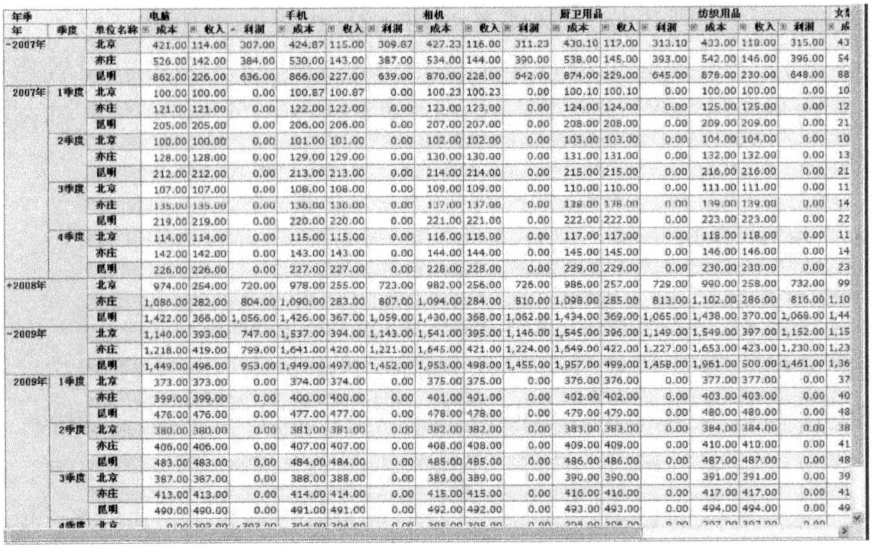

年季			电脑			手机			相机			厨卫用品			纺织用品			文
年	季度	单位名称	成本	收入	利润	成本	收入	利润	成本	收入	利润	成本	收入	利润	成本	收入	利润	成
-2007年		北京	421.00	114.00	307.00	424.87	115.00	309.87	427.23	116.00	311.23	430.10	117.00	313.10	433.00	118.00	315.00	43
		亦庄	526.00	142.00	384.00	530.00	143.00	387.00	534.00	144.00	390.00	538.00	145.00	393.00	542.00	146.00	396.00	54
		昆明	862.00	226.00	636.00	866.00	227.00	639.00	870.00	228.00	642.00	874.00	229.00	645.00	878.00	230.00	648.00	88
2007年	1季度	北京	100.00	100.00	0.00	100.87	100.87	0.00	100.23	100.23	0.00	100.10	100.10	0.00	100.00	100.00	0.00	10
		亦庄	121.00	121.00	0.00	122.00	122.00	0.00	123.00	123.00	0.00	124.00	124.00	0.00	125.00	125.00	0.00	12
		昆明	205.00	205.00	0.00	206.00	206.00	0.00	207.00	207.00	0.00	208.00	208.00	0.00	209.00	209.00	0.00	21
	2季度	北京	100.00	100.00	0.00	101.00	101.00	0.00	102.00	102.00	0.00	103.00	103.00	0.00	104.00	104.00	0.00	10
		亦庄	128.00	128.00	0.00	129.00	129.00	0.00	130.00	130.00	0.00	131.00	131.00	0.00	132.00	132.00	0.00	13
		昆明	212.00	212.00	0.00	213.00	213.00	0.00	214.00	214.00	0.00	215.00	215.00	0.00	216.00	216.00	0.00	21
	3季度	北京	107.00	107.00	0.00	108.00	108.00	0.00	109.00	109.00	0.00	110.00	110.00	0.00	111.00	111.00	0.00	11
		亦庄	135.00	135.00	0.00	136.00	136.00	0.00	137.00	137.00	0.00	138.00	138.00	0.00	139.00	139.00	0.00	14
		昆明	219.00	219.00	0.00	220.00	220.00	0.00	221.00	221.00	0.00	222.00	222.00	0.00	223.00	223.00	0.00	22
	4季度	北京	114.00	114.00	0.00	115.00	115.00	0.00	116.00	116.00	0.00	117.00	117.00	0.00	118.00	118.00	0.00	11
		亦庄	142.00	142.00	0.00	143.00	143.00	0.00	144.00	144.00	0.00	145.00	145.00	0.00	146.00	146.00	0.00	14
		昆明	226.00	226.00	0.00	227.00	227.00	0.00	228.00	228.00	0.00	229.00	229.00	0.00	230.00	230.00	0.00	23
+2008年		北京	974.00	254.00	720.00	978.00	255.00	723.00	982.00	256.00	726.00	986.00	257.00	729.00	990.00	258.00	732.00	99
		亦庄	1,086.00	282.00	804.00	1,090.00	283.00	807.00	1,094.00	284.00	810.00	1,098.00	285.00	813.00	1,102.00	286.00	816.00	1,10
		昆明	1,422.00	366.00	1,056.00	1,426.00	367.00	1,059.00	1,430.00	368.00	1,062.00	1,434.00	369.00	1,065.00	1,438.00	370.00	1,068.00	1,44
-2009年		北京	1,140.00	393.00	747.00	1,537.00	394.00	1,143.00	1,541.00	395.00	1,146.00	1,545.00	396.00	1,149.00	1,549.00	397.00	1,152.00	1,15
		亦庄	1,218.00	419.00	799.00	1,641.00	420.00	1,221.00	1,645.00	421.00	1,224.00	1,649.00	422.00	1,227.00	1,653.00	423.00	1,230.00	1,23
		昆明	1,449.00	496.00	953.00	1,949.00	497.00	1,452.00	1,953.00	498.00	1,455.00	1,957.00	499.00	1,458.00	1,961.00	500.00	1,461.00	1,36
2009年	1季度	北京	373.00	373.00	0.00	374.00	374.00	0.00	375.00	375.00	0.00	376.00	376.00	0.00	377.00	377.00	0.00	37
		亦庄	399.00	399.00	0.00	400.00	400.00	0.00	401.00	401.00	0.00	402.00	402.00	0.00	403.00	403.00	0.00	40
		昆明	476.00	476.00	0.00	477.00	477.00	0.00	478.00	478.00	0.00	479.00	479.00	0.00	480.00	480.00	0.00	48
	2季度	北京	380.00	380.00	0.00	381.00	381.00	0.00	382.00	382.00	0.00	383.00	383.00	0.00	384.00	384.00	0.00	38
		亦庄	406.00	406.00	0.00	407.00	407.00	0.00	408.00	408.00	0.00	409.00	409.00	0.00	410.00	410.00	0.00	41
		昆明	483.00	483.00	0.00	484.00	484.00	0.00	485.00	485.00	0.00	486.00	486.00	0.00	487.00	487.00	0.00	48
	3季度	北京	387.00	387.00	0.00	388.00	388.00	0.00	389.00	389.00	0.00	390.00	390.00	0.00	391.00	391.00	0.00	39
		亦庄	413.00	413.00	0.00	414.00	414.00	0.00	415.00	415.00	0.00	416.00	416.00	0.00	417.00	417.00	0.00	41
		昆明	490.00	490.00	0.00	491.00	491.00	0.00	492.00	492.00	0.00	493.00	493.00	0.00	494.00	494.00	0.00	49
	4季度	北京	[illegible]	[illegible]	[illegible]	[illegible]	[illegible]	[illegible]	[illegible]	[illegible]	[illegible]	[illegible]	[illegible]	[illegible]	[illegible]	[illegible]	[illegible]	[illegible]

图 4-4 按照层次钻取

允许高端用户对统计图进行适当调整以生成更适合用户需求的图形。

OLAP 支持权限管理，针对不同的用户角色设置不同的数据访问权限。因此，需要根据权限管理，保证只查询并展示当前用户有权限访问的数据项对应生成的统计图表（见图 4-5）。

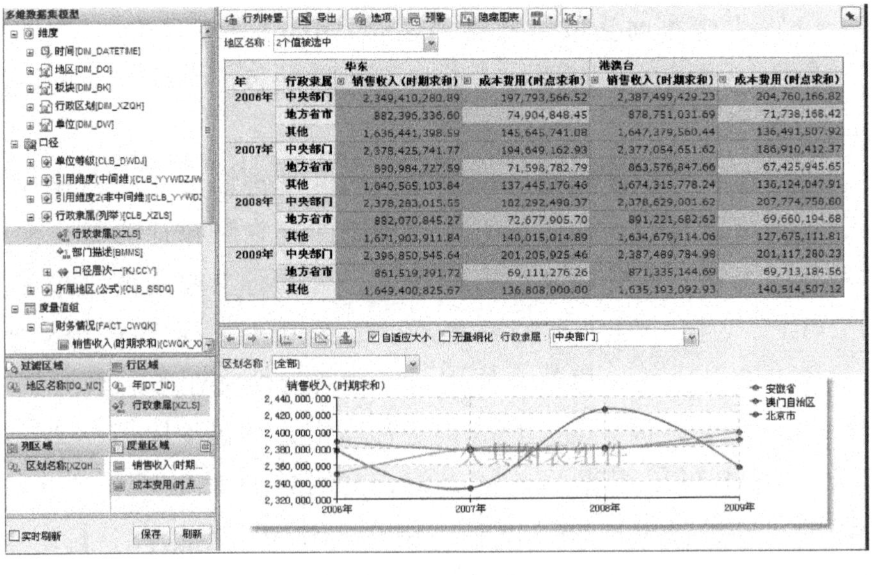

		华东		港澳台	
年	行政隶属	销售收入(时期求和)	成本费用(时点求和)	销售收入(时期求和)	成本费用(时点求和)
2006年	中央部门	2,349,410,280.89	197,793,566.52	2,387,499,429.23	204,760,166.82
	地方省市	882,396,336.60	74,904,848.45	878,751,031.69	71,738,168.42
	其他	1,636,441,398.59	145,645,741.08	1,647,379,560.44	136,491,507.92
2007年	中央部门	2,378,425,741.77	194,849,162.93	2,377,054,651.62	186,910,412.37
	地方省市	890,984,727.59	71,598,782.79	863,576,847.66	67,425,945.65
	其他	1,640,565,103.84	137,445,176.46	1,674,315,778.24	136,124,047.91
2008年	中央部门	2,378,283,015.55	182,292,498.37	2,378,629,001.62	207,774,758.60
	地方省市	882,070,845.27	72,677,905.70	891,221,682.62	69,660,194.68
	其他	1,671,903,911.84	140,015,014.89	1,634,679,114.06	127,675,111.81
2009年	中央部门	2,396,850,545.64	201,205,925.46	2,387,489,784.98	201,117,280.23
	地方省市	861,519,291.72	69,111,276.26	871,335,144.69	69,713,184.56
	其他	1,649,400,825.67	136,808,000.00	1,635,193,092.93	140,514,507.12

图 4-5 图表展示界面

图 4－5 中按钮可以用来导航到上一个或者下一个历史路径，在钻取的时候会用到。按钮右侧下拉框可以选择穿透到任意一个历史路径（如图 4－6）。

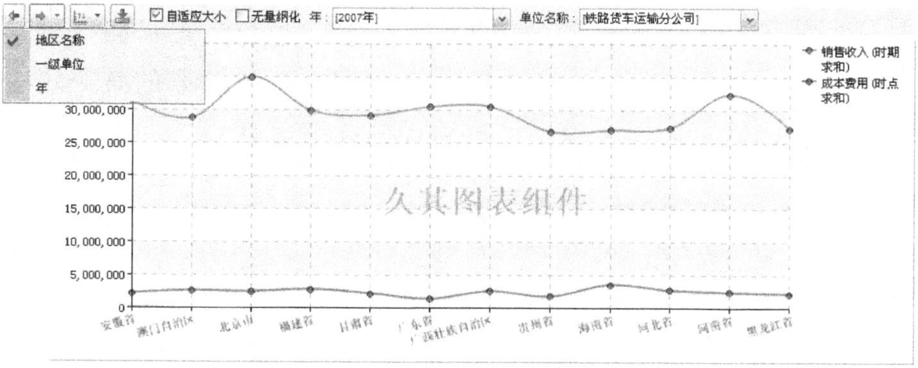

图 4－6　钻取路径界面

（3）图表钻取。钻取即改变维的层次，变换分析粒度，更好地帮助用户从不同层次不同粒度进行决策分析。

系统支持图表的钻取功能。在绘图区域的序列上单击鼠标左键钻取。当可钻取的路径为多个时，通过弹出菜单由用户选择钻取到任意一个未在统计图中（数据序列和分类轴）使用的维度（即所有过滤区的维度和层次中的直接下级级别）（如图 4－7 所示）。

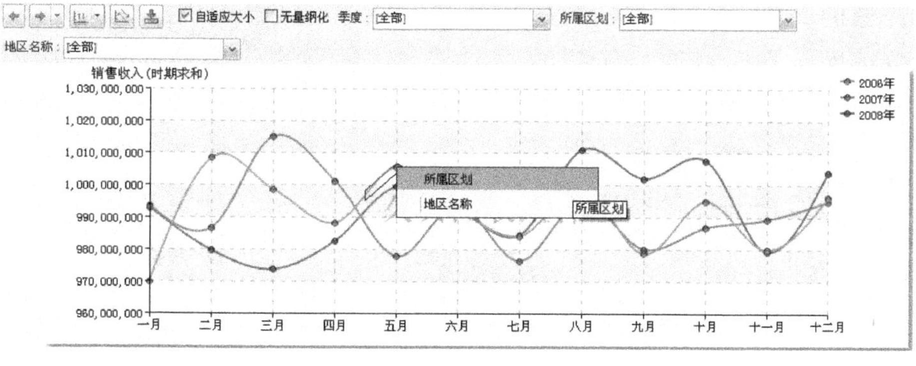

图 4－7　钻取选择界面

钻取后，将原分类轴维度放置到过滤区，并默认选中钻取时对应的维度项。例如图 4－7 在“五月”这个维度项上进行钻取，钻取到“所属区划”，则“月”这个维度被放置到过滤区，且选中“五月”作为过滤条件，而“所属区划”作为分类轴。

系统支持回钻，即记录了钻取的路径，用户可以选择回退到已钻取的任一历史路径。如图 4－8 所示：左箭头表示回退到已钻取的上一历史路径，右箭头下拉菜单用来选择钻取的某个历史路径。鼠标移上去还显示了钻取路径的详细信息。

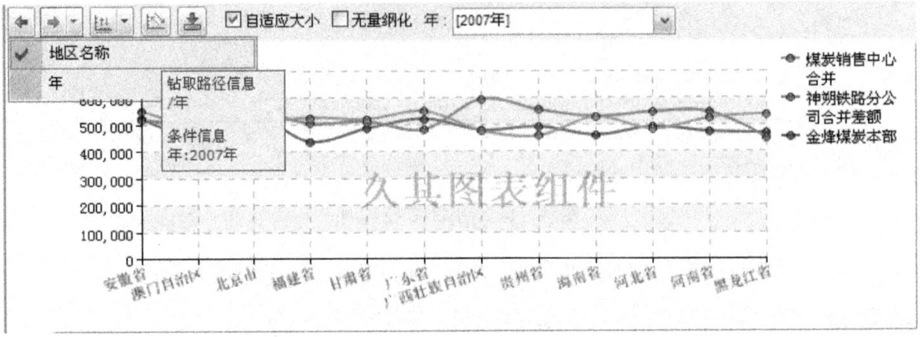

图 4－8　钻取路径信息

（4）性能响应时间。系统提供 5 000 万数据量查询在 5 秒以内完成，数据展开在 10 秒以内完成。

2. 即席查询。即席查询是面向专业数据分析用户的、针对数据仓库的、条件不固定、格式灵活的查询报表，是数据库应用最普遍的一种查询方式，利用数据仓库技术，可以让用户随时面对数据库，即时获取所希望的数据。多维钻取查询响应时间可达到秒级。特别适合于希望在海量数据中针对某个具体问题、通过交互查询的方式、自发地探索性地追查问题原因的数据分析人员。

即席查询提供维度选择、指标选择、自定义计算指标、排序方式选择、过滤条件选择、分组合计选择、动态预警配置等交互手段，帮忙用户快速定义查询条件并生成查询结果，从而发现问题的根源，并将查询结果导出到外部文件（如 EXCEL、PDF、HTML 等）或进行打印，也可以根据系统提供的计划任务设置，定时输出或者以邮件的方式分发给用户（见图 4－9）。

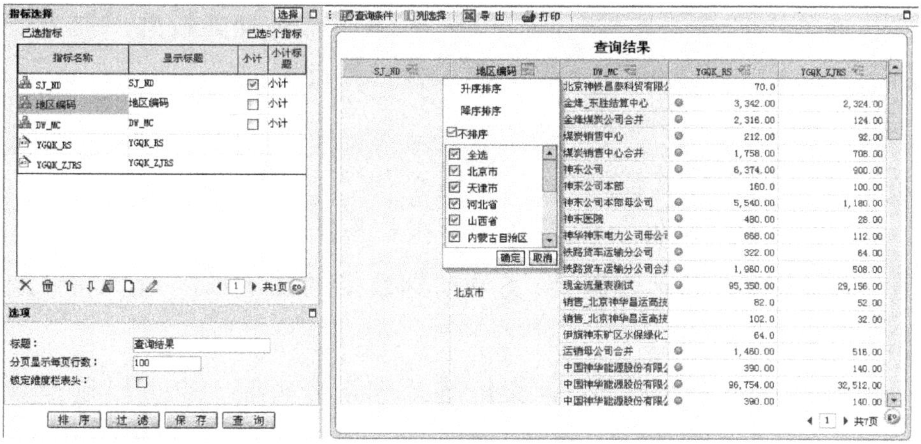

图 4 – 9　查询结果展示

3. 分析报告。系统提供的分析报告主要由两部分组成：分析报告模板和分析报告展示。同时还提供分析报告的共享，允许用户将设置好的分析模板共享给系统内其他用户使用。

（1）分析报告模板。分析报告展示主要用于生成一份图文并茂的报告。使用分析报告可以方便地将基础表、分析表结果、查询模板中的数据和图表添加到报告文档中，而不再需要烦琐的手工添加数据。

分析报告模板用于定义生成的报告样式，在模板中可以进行文字编辑，以及板式设计，并确定需要从哪些基础表、分析表结果、查询模板中提取数据和图表。

分析报告模板编辑器是用来添加模板的属性条件的，在生成报告时，会显示此处设置的信息。

①段落样式：选择编辑器中添加的内容的显示样式，其中包括正文、标题和地址。

②字体：选择添加到编辑器中的各内容的字体。

③字号：选择添加到编辑器中的各内容的字号。

编辑器中的图标依次为剪切、复制、粘贴、粗体、斜体、下划线、左对齐、居中、右对齐、编号、项目符号、减少缩进量、增加缩进量、设置前景色、设置背景色、插入超链接、插入图片、插入水平线、插入日期、插入时间、插入基础数据、插入分析数据、插入综合查询结果和插入整张基础表。

介绍其中一些图标的操作：

（插入超链接）：支持链接到另一系统地址。

（插入图片）：支持在分析报告模板中插入图片。

（插入基础数据）：支持基础数据的加减乘除运算和系统提供的函数运算。

（插入分析数据）：支持选择一张分析表，也可以选择分析表数据。

（插入综合查询结果）：支持选择一个查询模板，也支持直接出查询的图表。

（插入整张基础表）：支持插入整张基础报表和数据。

（2）分析报告展示。选择一个分析报告模板，弹出模板属性窗口（如图 4－10 所示）。

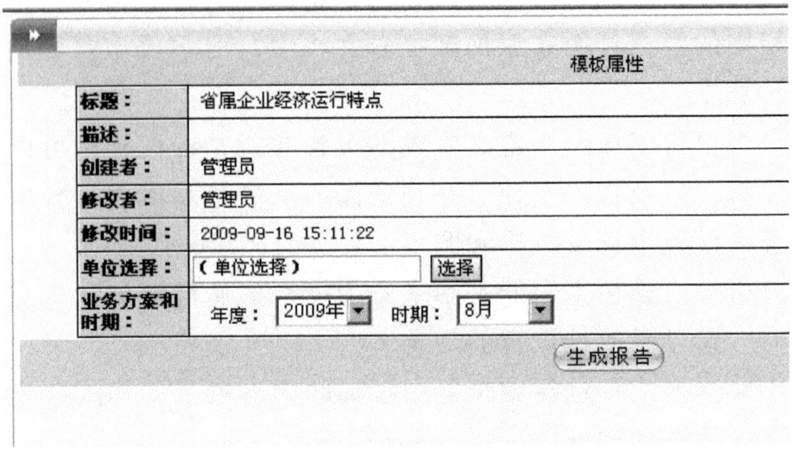

图 4－10　分析模板基础信息

这里标题、描述、创建者、修改者和修改时间是系统默认的模板属性，不可以修改，其余的属性则是在模板编辑器中设置的。录入模板属性，然后单击“生成报告”按钮，弹出分析报告结果对话框（如图 4－11）。

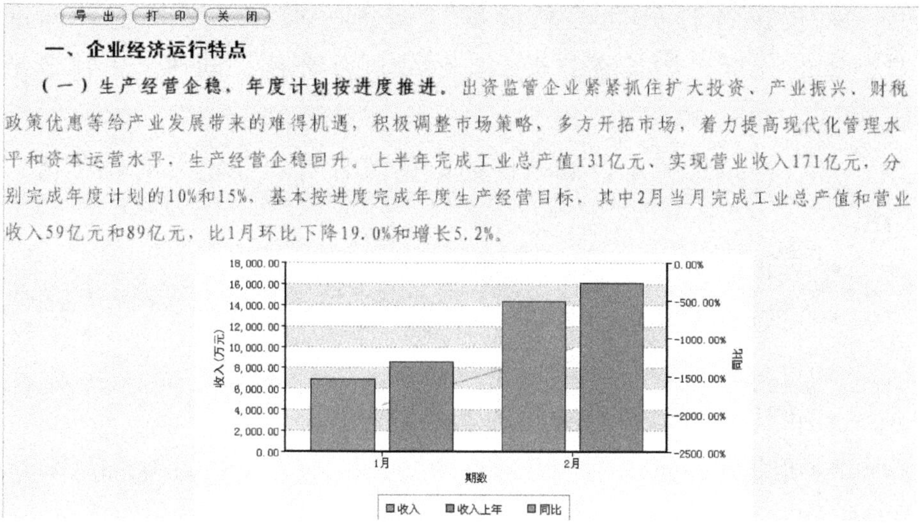
导出 打印 关闭

一、企业经济运行特点

（一）生产经营企稳，年度计划按进度推进。出资监管企业紧紧抓住扩大投资、产业振兴、财税政策优惠等给产业发展带来的难得机遇，积极调整市场策略，多方开拓市场，着力提高现代化管理水平和资本运营水平，生产经营企稳回升。上半年完成工业总产值131亿元、实现营业收入171亿元，分别完成年度计划的10%和15%，基本按进度完成年度生产经营目标，其中2月当月完成工业总产值和营业收入59亿元和89亿元，比1月环比下降19.0%和增长5.2%。

图 4－11　分析报告展示

分析报告结果中显示的是在分析报告模板中定制的信息。

例如：在分析报告模板编辑器中，插入基础数据如单位代码和单位名称，插入一个综合查询模板，并且生成图表，则会生成如图 4－11 所示的分析报告结果。可以使用 IE 浏览器中的打印功能将其打印出来。

4. 分析表。系统提供了一个功能强大、使用灵活的报表生成器，其制表能力堪与 EXCEL 相接近。系统已经内置了常用的管理报表，预算资产负债表、预算损益表、预算现金流量表等，可以利用该分析表灵活定制其他分析表，或者利用分析表制作引擎制作其他各种试算表，在预算编制过程，通过试算表快速查看数据修改后的结果。

（1）提供向导帮助用户制作任意表单形式的分析表，在分析表中可以定义计算公式。

- 分析表模板定义包括表样制作、条件设置、口径设置、提取公式设置、运算公式设置及分析表向导等；
- 可对分析表进行分组管理，可增加、删除、修改分析表和分析组；

● 提供各种分类汇总或罗列明细、求和、平均值、标准差、比例分析、增长率分析、比较分析（环比、同比、占比、定比）等。

（2）将满足特定过滤条件的数据按分析表已定义的表单格式输出。

● 可设置分析数据来源条件；

● 可选择要执行分析的分析表；

● 可选择要参与分析的单位；

● 可记录每次执行分析的基本信息；

● 可以将分析结果导出到各种文件格式，如 WORD、EXCEL、HTML 等。

按照国内的报表定义习惯，一般报表会包含多重结构的表头，由各种固定表和浮动表组合而成，还有各种并列形式的报表。另外，表头和表底也经常包含复杂的格式。

（3）构成分析表的基本元素，主要包括分析表的标题、表样、横表头、纵表头、记录方式、数据格式、各单元之间的数据关系等。通过对这些元素进行定义，可以完成以下功能：

● 支持复杂表头定义，但至多可以支持到 9 层结构。

● 支持较为复杂的表样，定长表、不定长表、无主栏表、基层表、派生表、汇总表、查询表、行栏都浮动的表、多级浮动表、取某指标排名的表、根据某个条件统计个数的表等很多不规则的表等。

● 支持公式和函数，并可以进行可视化编辑。为减少制作分析表公式的工作量，所有分析表可以共用一套口径，通过拖动方式使用，比就每个分析表设置口径更简化工作量。

● 支持分析表变量的使用，测算时可以灵活选择时期单位，强化了用户与分析表模板之间的交互。

● 支持分析数据的自动更新，当基础数据发生变化时，分析报表自动进行更新并同时更新相应计算结果。

• 测算过程简单，没有设置变量的分析表点击分析表，右侧就可出测算结果，不需要在选择时期和单位等。

• 采用最先进的图表控件，图形更加美观。根据分析表的设置显示不同类型的图表，图表更加实用。

• 实现将分析结果收藏，并给其他人员直接共享使用；也可以将分析结果直接打印。

报表设计器支持交互式设计，设计过程中，随着各种元素的定义，随时显示设计格局和效果预览。

在报表设计风格中，报表制作引擎支持按报表元素设计表样和采用类似电子表单制表方式两种方式。一般来说，采用类似电子表单定义方式更简单易用，具有所见即所得的效果，制表全过程无须编程。

5. 图形展现。系统支持多种类图形化数据展示，如饼图、堆积、散点、多坐标仪表盘（见图 4－12）、雷达图等。

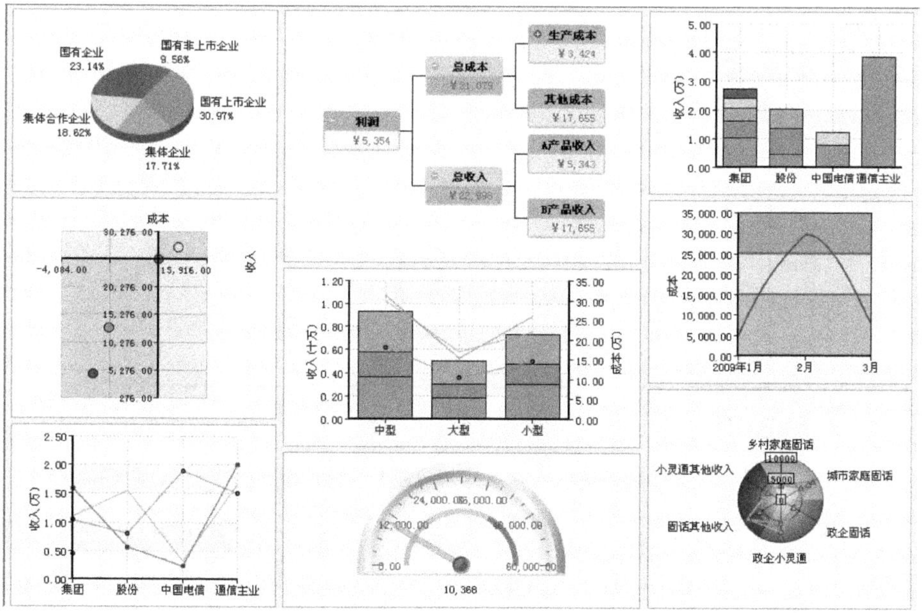

图 4－12　仪表盘展示

（1）饼图：将一个圆形划分为多个扇形区域的图形，每个扇形区域代表一个观测对象（见图 4－13），适用于对多个测量对象之间的比例关系进行分析。

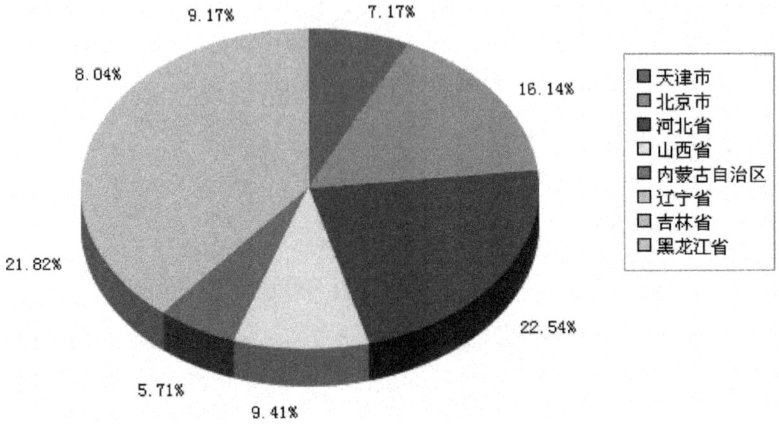

图 4－13 ××指标统计图（2015 年 8 月）

（2）折线图：以折线的上升或下降来表示统计数量增减变化的统计图（见图 4－14），适用于反映同一观测对象在不同时间里的发展变化趋势。

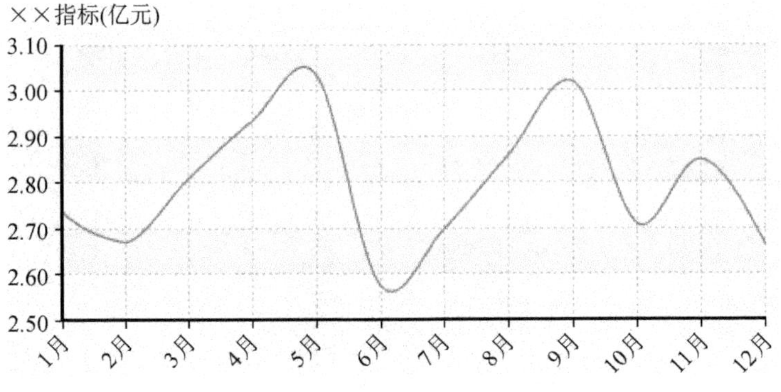

图 4－14 ××指标 2015 年统计图

（3）直方图：以直方的高低来表示统计数量多少的统计图（见图 4－15），适用于反映某个测量对象在不同时间的数据变化。

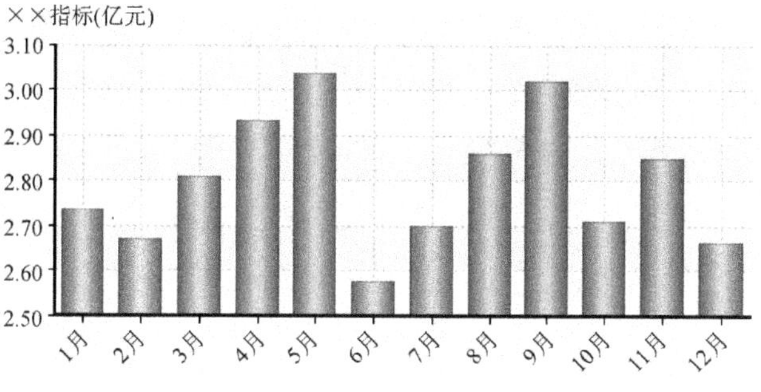

图 4－15　××指标 2015 年统计图

（4）堆积图：将多个不同的预测对象的数据堆积到一起展示的统计图（见图 4－16），适用于反映多个指标在不同时间里的组合情况。

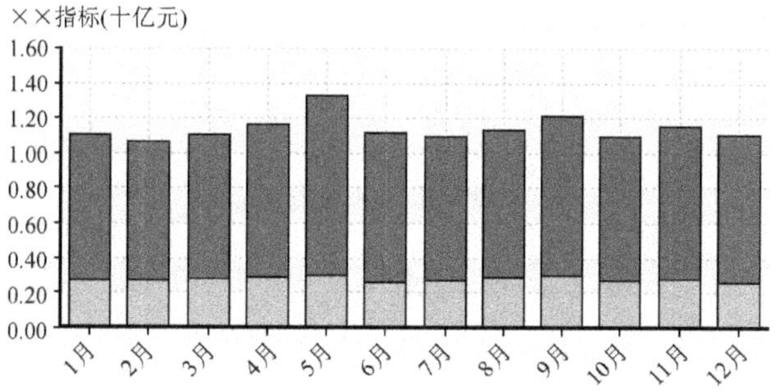

图 4－16　××指标 2015 年统计图

（5）多坐标轴图。多坐标轴图是折线图、直方图和堆积图的组合图形，一般为一个横轴对应多个纵轴的情况（见图 4－17）。每个纵轴均可以指定为折线、直方或堆积方。

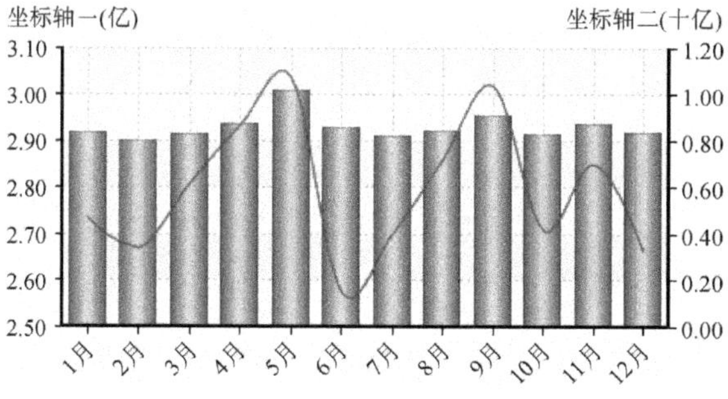

图 4－17　××指标 2015 年统计图

（6）仿杜邦图。仿杜邦图以指标树的方式显示各个指标的逻辑关系以及指标的当前值，并提供预警功能。当某指标的当前值超出了预设的范围则以特殊的颜色标识（见图 4－18）。同时，支持贡献率计算及因素分析法以分析因素指标对总体业务的影响度。仿杜邦图适用于单个测量对象的多个关联指标的显示和预警。

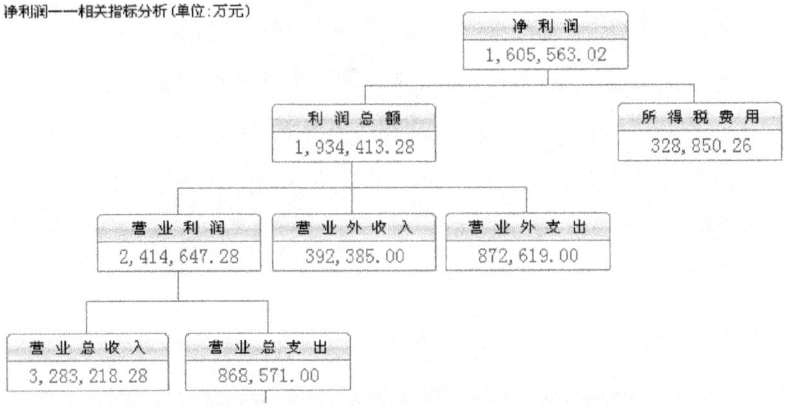

图 4－18　仿杜邦图

（7）雷达图。雷达图是一种放射状的指标图，每一根指标轴代表该指标的不同取值，每一个度量对象在指标轴上的取值点构成了一个封闭的多边形，多边形的形状可以体现度量对象之间的相似关系（见图 4－19）。适用于对多个度量对象业务相似性的分析。

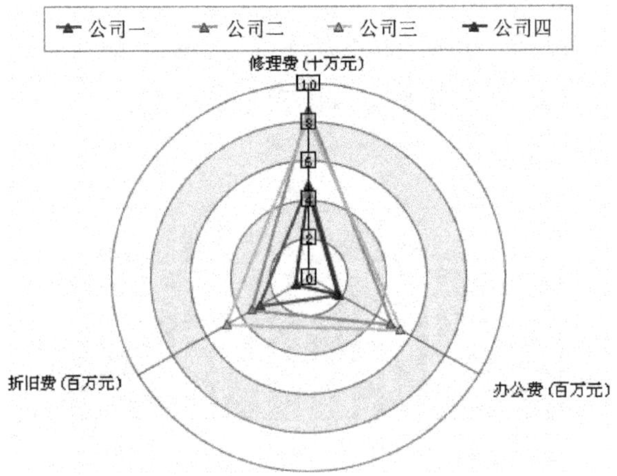

图 4－19　2015 年 8 月各公司费用情况

（8）点状分布图。点状分布图是一种四象限的点状分布图，图中每个点代表某个测量对象经过一定运算后的取值（见图 4－20）。适用于对大量测量对象的分布规律统计，用以反映行业内的总体分布规律。

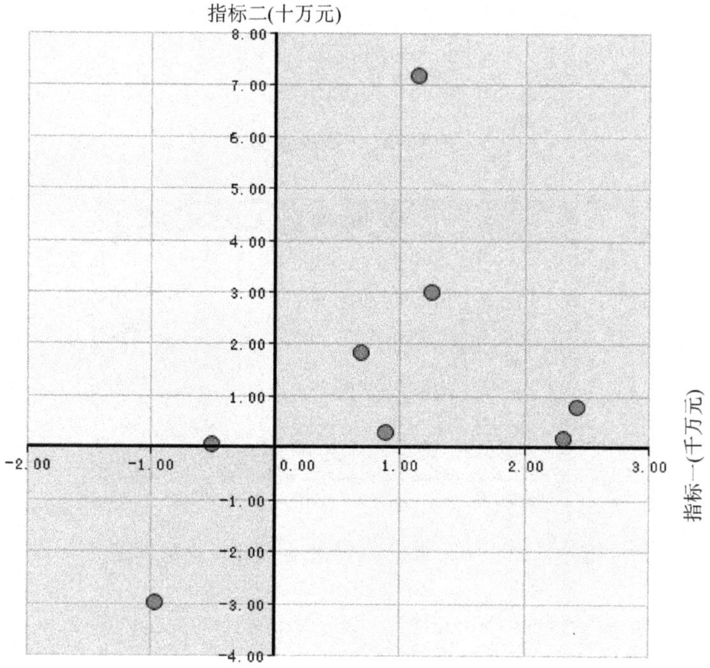

图 4－20　××指标统计图（2015 年 5 月）

（9）仪表盘图。仪表盘图是一个半圆形、均匀刻度（类似于汽车中的车速指示盘）的图形，针对一个指标划分三个区间（正常区、预警区、报警区），分别对应半圆中的不同扇区，指针指示当前测量对象的指标取值（见图 4－21）。适用于监控某个测量对象的某个指标值的当前状态。

（10）目标趋势图。目标趋势图体现具体业务的实现情况与预定目标的吻合程度的图形（见图 4－22）。

（11）折线直方组合图。折线直方组合图适用于反映同一观测对象在不同时间里的发展变化趋势，不同单位的对比情况（见图 4－23）。

图 4－21 仪表盘图

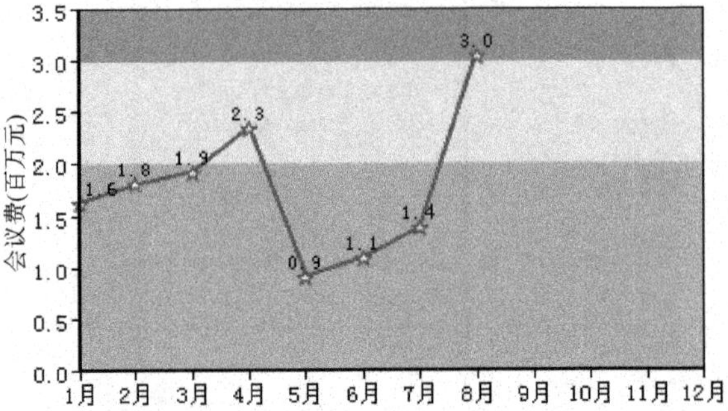

图 4－22 ××单位 2015 年会议费目标趋势图

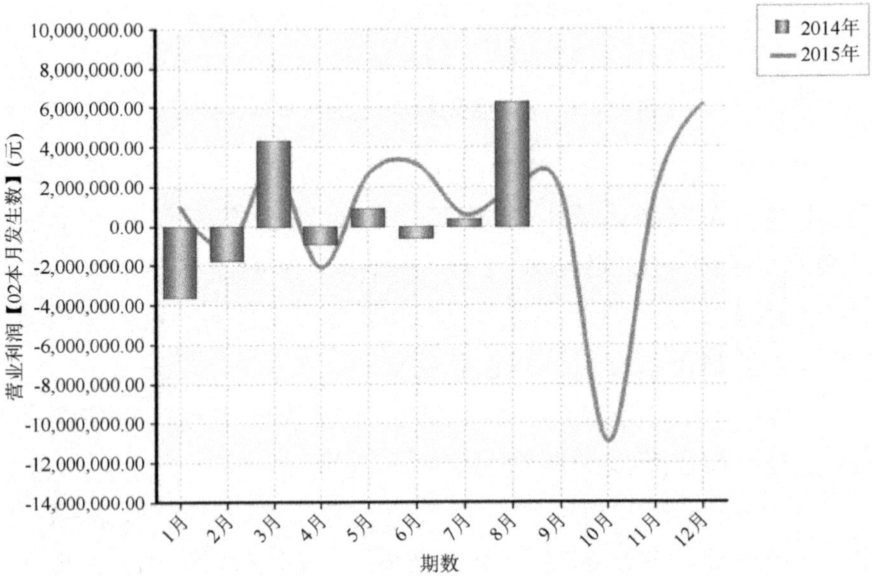

图 4－23 ××单位 2015 年营业利润折线直方组合图

（12）预警区间图。预警区间图是体现具体业务的实现情况与预定目标的吻合程度的图形（见图 4－24）。

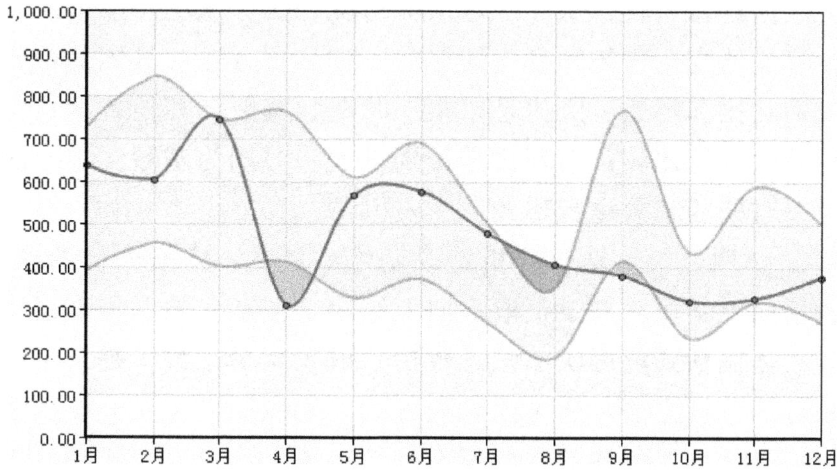

图 4－24　××单位 2015 年预警区间图

（六）分析方法

作为决策管理的风向标，决策支持应用层将定义好的企业决策管理所需信息展现给不同用户，供管理层决策和监控。系统预置了一套适合不同企业使用的分析模型。该模型从经营情况、预算进度、执行差异、对比分析、预警分析、对标分析等方面对企业的状况进行分析、监测。

1. 预算完成进度分析。预算完成进度分析用于查看特定指标的执行进度情况。

2. 预实对照差异分析。差异分析是指预算目标值和实际执行值之间的差异比较，从差异值可以看出各个预算指标的执行情况，一般用于利润类指标的执行分析。

3. 对比分析。对比分析包括执行对比、同比、环比几种比较方式，并支持不同版本或者不同预算模型之间的对比。执行情况对比即预算数和执行数的对比，同比即实际数和上年同期实际数的对比，环比为实际数和上期实际数的对比，三种方式均能计算出对比差异（增长）和差异率（增幅）。

趋势分析是指将实际结果与不同时期财务报表中同类指标的历史数据进行比较，从而确定预算情况、财务状况、经营成果和现金流量的变化趋势和变化规律的一种分析方法。具体的分析方法包括定比和环比。定比是以某一时期为基数，其他各期均与该期的基数进行比较；而环比是分别以上一时期为基数，下一时期与上一时期的基数进行比较。

4. 钻取分析。钻取分析是改变维的层次，变换分析的粒度。它包括向上钻取和向下钻取。向上钻取是在某一维上将低层次的细节数据概括到高层次的汇总数据，或者减少维数，是自动生成汇总行的分析方法。通过向导的方式，用户可以定义分析因素的汇总行，例如对于各地区各年度的销售情况，可以生成地区与年度的合计行，也可以生成地区或者年度的合计行。

向下钻取则相反，它从汇总数据深入到细节数据进行观察或增加新维。例如，用户分析“各地区的销售情况”时，可以对某一城市的销售额细分为各个年度销售额，对某一年度销售额可以继续细分为各个季度的销售额。通过钻取的功能，使用户对数据能更深入了解，更容易发现问题，做出正确决策。

在分析模式中，我们定义不同层次的信息，这些定义方式也代表着钻取分析方法，能够从一个信息层到有细节的更低层或更高层进行提取。

5. 预警分析。预警是给企业管理者提供决策支持的一种手段，通过预警规则将管理者关心的信息过滤出来，让管理者对企业的经营过程进行跟踪和监控，及早发现经营危机，使管理者在不利情况来临之前就采取防御措施，解决潜在问题。

预警分析一般对企业经营管理中的异常事件进行预警，比如经营危机。企业的经营危机是指由企业经营状况的不断恶化而产生的、将会危及企业生存的一种状态。任何一个企业的经营危机都有一个逐步显现、不断恶化的过程。管理者应当对企业的运营过程进行跟踪、监控，建立经营危机的警报系统，及早发现经营危机，预防或避免可能发生的失败。

使用预警分析工具，通过定义预警规则、预警区间，实现当某一财务比率或者某一财务指标超出一定的范围时系统自动给出相应的预警提示信息，供相关决策者分析，从而采取正确的解决策略。

预警分析涉及以下几个要素：

（1）预警主体，即预警针对的对象，它是统计指标计量的业务实体，即用来进行预警分析的数据口径就是预警主体，例如单位就可以作为预警对象。

（2）预警指标，是用来进行预警分析的原始数据。例如如果要对"收入"和"利润"进行预警分析，我们可以选择"收入"和"利润"两个指标作为预警指标。

（3）预警指数。预警指数也是一种统计指标，它是定义在预警指标的基础上，不受预警指标基数、统计方法、所选择的量纲影响，可进行客观比较的值。一般采用相对数（比率数），例如可选择预警指标的占比、对比、环比、同比等，也包括平均数、单价等指标。

本系统暂时只支持一对一的预警指数，即计算出来的预警指数序列中的项与相关的预警指标序列的项是一对一的关系。

（4）预警规则，是对预警的级别及相应数值区间划分的定义，是判别和评价警戒程度的标准和原则，它用来决定在不同情况下，是否应该发出警报以及发出何种程度的警报。一般划分成三个级别。

系统在进行预警分析时，首先在预警指标数据的基础上计算事先定义的预警指数，然后将预警指数与预警区间的端点进行比较，判断计算出来的预警指数是落在哪个预警区间内，该预警区间对应的预警级别就是最终被确定的预警级别。

（5）预警区间划分。有两种类型的预警区间划分为不对称型和对称型。所谓不对称型就是值域空间的分割是单调的、连续的，比如下面的区间分割就是不对称型：

$(-\infty, -25\%)$、$(-25\%, 0)$、$(0, +\infty)$

所谓对称型就是值域空间分割是关于零对称，且对称的两个区间有相同预警级别，例如下面的区间分割就是对称型：

$(-\infty, -25\%)$、$(-25\%, 0)$、$(0, 25\%)$、$(25\%, +\infty)$

只要在指数的表达式中加绝对值函数"abs（　　）"即可。例如，指数表达式是［ZB1］/［ZB2］，则上面的预警区间为对称型的指数表达式应该为 abs（［ZB1］/［ZB2］），区间的设置为 $(0, 25\%)$ 和 $(25\%, +\infty)$。

（6）预警事件接收者。预警事件接收者就是对预警事件关心的用户或角色（可以是一个组织机构）。从另一个角度来说，预警事件接收者是对预警事件的信息有阅读权限的用户（注意能读取预警事件的信息和能读取预警事件原始的相关信息不是一回事），预警信息可以通过预算平台、邮件系统、手机短信对接收者进行提醒。

五、积极推广信息新技术，改善信息披露方式

信息技术的不断发展，为财务会计信息披露提供了良好的技术支撑条件。在上市公司的财务会计信息披露中，需要利用 IT 环境下的各项新技术，诸如计算机网络技术、网络安全技术、计算机病毒防治技术、信息呈报技术等内容，对信息披露方式，除了传统的以纸张为介质、通过指定报刊进行披露外，要大力提倡使用电子方式进行披露。目前，PDF 格式和 HTML 格式已经比较成熟，要积极学习、借鉴引入可扩展商业报告语言（XBRL）。在提供、披露、转换和分析财务报告及信息方面，XBRL 提供了一套标准的方法，这大大方便了报告，并且对于披露那些投资者和监管者认为有价值的数据显得更加容易。XBRL 对有关财务会计

信息内容增加标签。一旦被加上统一的标签，数据就易于识别并获取。对于提供财务信息的企业来说，运用XBRL可以提高报表编制的效率。因为财务信息一次生成后，就可以转换成各种类型的报告发布，这不仅减少了数据输入错误的风险，而且不需要多次以不同格式输入数据，信息使用者可根据需要选择信息内容，这无疑又降低了公司编制与发布财务报告的成本。

此外，由于企业财务相关系统的整合程度不高，导致很多信息在各个系统中流转起来比较缓慢，而且，统计系统不能自动获取数据，基层手工填报工作量大，并且数据质量不能得到有效保证。因此，广晟公司在解决该问题方面，引入了企业财务数据中的工具，采用了新的技术，提供了真正意义上的数据整合与应用，并且在高效整合数据的同时，也让财务相关数据从业务型数据向管理型数据转换变得容易。

（一）企业财务数据中的概述

企业财务数据中心（Enterprise Financial Data Center，EFDC）是针对企业财务数据向管理信息转换、强化财务数据相关表外信息的采集、存储和应用等问题开发的一款产品。

企业财务数据中心通过取数和透视引擎帮助集团构建起一个虚拟的企业财务数据仓库，通过将企业的财务数据高效整合，为企业提供更高质量的分析结果，为企业的管理和决策提供有力支持，为企业集团信息化向决策支持方向平滑过渡奠定基础。

（二）功能架构（见图4-25）

1. 数据整合平台。一个完整的数据整合平台，提供了结构化的数据存储模式，为财务相关系统的数据整合应用做了充分准备。

2. 元数据管理。针对财务相关系统中的数据建立一个完整的数据地图，为追溯数据打下基础。

3. 建立映射关系。建立报表系统或决策支持系统中指标、维

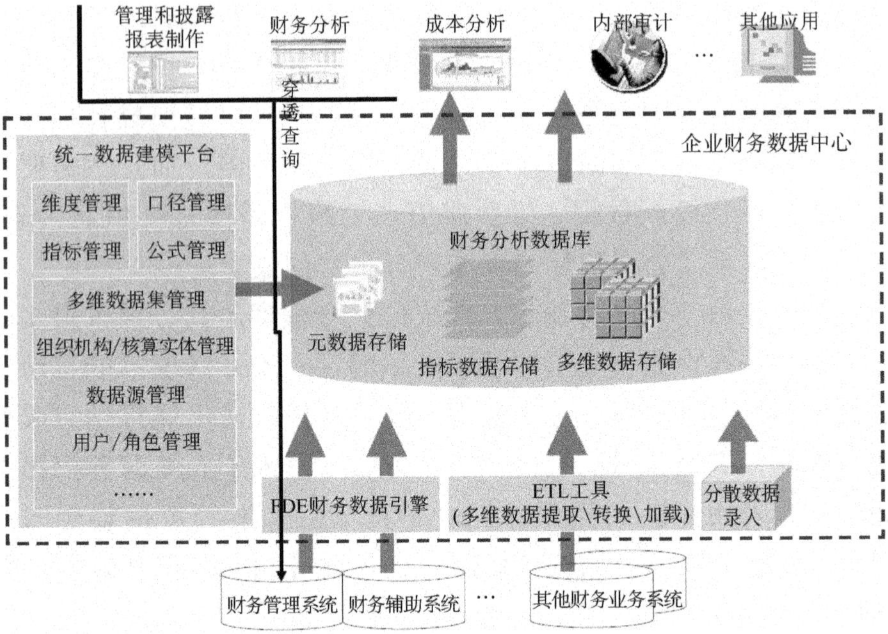

图 4－25 企业财务数据中心架构

度和度量等与核算系统中的会计科目、辅助核算等的映射转换关系，为数据的自动提取转换和透视查询做准备。

4. 自动数据提取。在建立起完备的映射关系的基础上，对深层次的管理信息通过映射关系进行高效、自动提取、转化和生成。

5. 透视查询。对深层次的管理信息通过映射关系进行透视查询，实现从管理信息到明细信息的逐层透视。

（三）功能特点

1. 灵活的财务提取公式体系。企业财务数据中心拥有一套完整的、构建于抽象且符合业界标准财务模型之上的财务提取公式体系。此公式体系便于财务数据建模的实现，并且屏蔽不同厂商和版本核算系统的差异，简化客户的学习成本。通过此公式体系能将报表系统或者决策支持系统中的指标等转化为针对核算软件的取数规则，并且企业财务数据中心具备与这套公式体系配套的公式注册解析器和公式管理功能，能针对不同统计分析软件形成不同公式方案。结构原理如图 4 - 26：

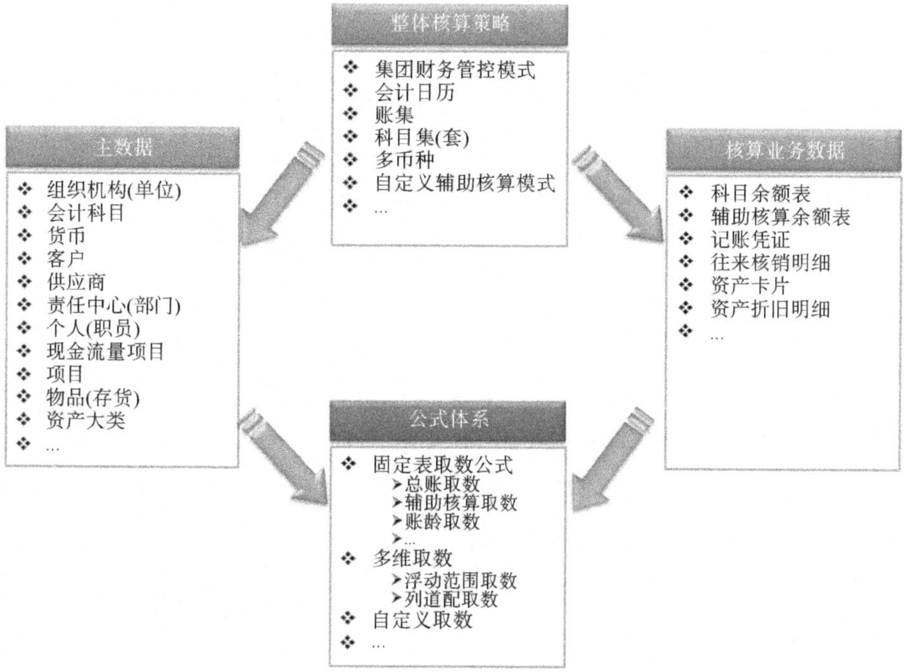

图 4 - 26　企业财务数据中的图示

2. 丰富的核算软件适配器。企业财务数据中心拥有多种核算软件的适配器。通过这些适配器，企业财务数据中心能实现对市场上多种主流核算软件的数据提取和透视查询，并且可以根据需要灵活扩展。

3. 高效的数据提取优化器。企业财务数据中心拥有一个数据提取优化器，能将大量的财务提取公式进行预处理，即按照取数公式类型、取数类型等将对取数公式进行分类归集，形成较少的几个分类公式群，之后针对几个分类公式群分别形成取数语句后对财务相关系统数据库进行数据提取。这样将大大降低数据库访问的次数和频度，提高取数的效率，提升提取数据的速度。

4. 强大的透视查询服务。基于财务提取公式体系、多种核算软件适配器的透视查询功能，能针对不同核算软件数据库中实时数据进行透视查询，并且透视查询中预置了多种业务流程和表样；可以实现取数校验、实时数据监控的效果，做到真正意义上的账表一体化，同时也实现了将企业中的财务相关数据整合成一个虚拟的数据仓库的效果，提高了企业财务数据的使用效率。

5. 完善的元数据管理体系。企业财务数据中心通过多数据源管理、单位映射管理、财务提取公式管理等，将财务数据相关的元数据进行完备管理，为财务数据的自动提取和转换、透视查询等企业财务数据的整合应用模式奠定了坚实的基础。

（四）功能描述

1. 系统管理平台。系统管理平台包括组织机构映射管理、多数据源管理、财务提取公式管理三个功能。企业财务数据中心通过系统管理平台将企业财务数据整合需要的元数据进行有效管理，为企业财务数据整合做准备。

2. 多数据源管理。多数据源管理是用来维护数据提取、透视查询用到的核算数据源的功能。用户可以在多数据源管理中按照不同的数据库类型、核算软件类型、核算软件版本来维护数据源，并且能通过测试连接功能测试当前连接信息是否正确。

3. 单位映射管理。单位映射管理功能用来维护调用企业财务数据中心分析统计类系统中单位与核算系统中单位的映射关系、取数和透视的数据源、取数和透视用到的公式方案，以及其他与核算软件紧密关联的附属信息。

4. 财务提取公式管理。财务提取公式管理中提供了对统计分析系统中的指标等进行财务提取公式描述的功能。通过对财务提取公式按照不同的公式方案进行管理，用户提取财务数据时可以根据单位选择不同的公式方案，以适应会计科目不统一等核算口径不一致的情况。

5. 数据提取引擎。数据提取引擎是在已经将核算数据源、单位映射、财务提取公式配置完毕的基础上，将财务数据按照核算软件适配器中预置的业务逻辑从核算系统提取到企业财务数据中心，然后通过财务提取公式中描述的转换规则加工成特定格式的结果，再提供给统计分析系统。财务数据提取流程见图 4 – 27：

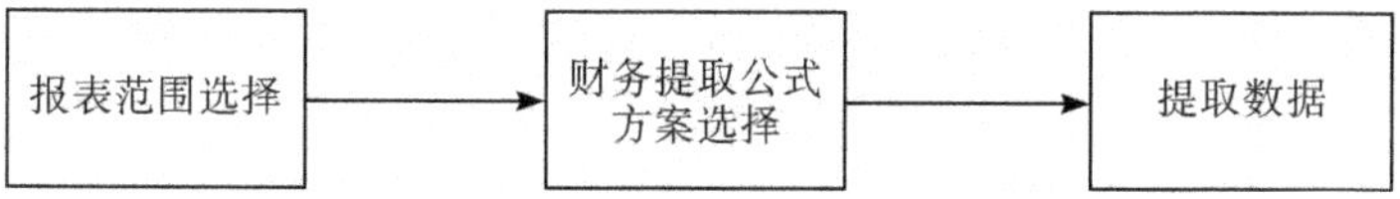

图 4 – 27　财务数据提取流程

为了达到降低取数对核算软件效率的影响、减少用户等待时间等目的，企业财务数据中心取数引擎还提供了计划任务功能。

计划任务工具中，用户可以对计划任务执行的时间、业务方案、单位范围、报表范围、公式方案、是否包括未记账进行选择，待选择和设置好所有必要项之后，系统将在指定的时间内自动完成数据提取。

6. 穿透查询服务。系统通过接口模块提供的各种展现方式均可以实现数据的钻取功能，并可以通过维度、科目、组织结构的切换实现数据查询、分析对象和指标的切换，从而达到层层预算分析、层层钻取的目的。对于领导关注的数据或者异常数据能追溯到最基础来源，甚至到凭证级，以便企业全方位、更深层次地掌握预算执行情况。多维查询主要通过多维的方式对数据进行分析、查询和生成报表，它使分析人员通过对信息的多种可能的观察角度进行快速、一致和交互的查询，从而获得对信息的深入理解。

（1）钻取查询权限管理。穿透查询的权限管理是通过对透视查询的权限控制实现的，即某一个报表用户如果不被授权使用透视查询功能，则以此用户身份登录到报表页面中是无法使用透视查询功能的。

（2）钻取查询流程。透视查询是在已经将核算数据源、单位映射、财务提取公式配置完毕的基础上，按照报表系统提供的要求，通过核算软件适配器查询核算系统中符合要求的财务数据，然后按照透视查询预置的流程和表样展示透视结果。

- 点击穿透查询对选中的指标发起透视。此处如果没有透视权限则透视查询按钮将不显示。

- 当需要透视的指标数据是由没有挂接辅助核算的科目数据取得的，则透视到科目余额表。当用户要透视指标的数据是由挂接辅助核算的科目的数据取得的，则透视到辅助核算余额表。
- 用户可以从科目余额表透视到科目明细账，如果是辅助核算余额表，则透视到辅助明细账。
- 用户由科目明细账或者辅助明细账透视到记账凭证。

7. 领导查询。领导查询是在已经将核算数据源、单位映射、财务提取公式配置完毕的基础上，使用户可以通过该功能在报表系统中完成类似于核算软件中的灵活查询。领导查询较之透视查询更灵活的地方是可以随意进行条件组合，完成用户关注信息的快速展现，为用户对财务数据的即时查询提供了一个方便的入口。

六、努力培养与信息技术相结合的复合型人才团队

在 IT 环境下，财会人员在思想上应树立信息价值观，在角色上将发生改变。他们不仅要具备财务会计处理能力，而且还要具备管理能力、沟通与协调能力、灵活运用信息新技术的能力；具备分析和利用信息方面良好的基础，懂得怎样收集与决策有关的数据，并能对财务业务领域的大量数据进行加工处理，使之成为对决策有用的信息。在会计核算中，要按会计规范对基础会计数据进行处理，使之符合软件要求的有序数据；根据财务会计信息披露规范的要求，面向信息使用者经济决策的需要，主动下载与编制相关信息，提高对企业信息系统和经济资源的分析和评价能力。

面对信息技术带来的变化和挑战，应由学校、企业、社会等各方面共同行动，通过教育、培训和生产实践等多种途径培养和造就与信息技术相结合的大批高素质复合型人才，借以推动上市公司财务会计信息披露的良性发展。

第四节
利用科学管理体系，建立财务信息化平台

随着企业经营规模快速扩大，产业链条不断延伸，经营业态逐步多元化，多数企业目前的管理水平与体系难以满足业务发展需要和集团管理要求，成为制约企业做强做优的重要因素。为培育具有国际竞争力的世界一流企业，认真贯彻落实关于中央企业信息化工作的要求和部署，推动中央企业更好地利用信息技术提升管理水平，首先需要建立规范、高效、稳健的科学管理体系，以支撑日益复杂的财务信息化平台建设的需要。

IT 技术可以将企业的管理转换为信息化平台，因此，高效科学的管理体系为信息化平台的建设提供了管理支撑。以广晟公司为例，为了更好地支撑集团管控信息化建设，在引入全面预算管理体系的基础上，建立了信息化系统。这是全面预算管理与信息化建设相互结合的一次最佳实践。

广晟公司全面预算管理系统建设的总体目标是搭建以业务项目为导向的全面预算管理系统，构建业务财务一体化管控体系，建立完整的涵盖预算编制、执行控制、分析考核业务流程的信息系统支撑，从而提升全面预算管理组织运作的有效性。具体目标如下：

- 规范全面预算管理配套 IT 系统建设；
- 将全面统一的全面预算管理业务规范固化在统一的系统内规范；
- 利用信息化手段实现全面预算的闭环管理；
- 以信息化整合财务资源、高效支撑财务运作，提升财务服务效率/质量；

- 实现业务运作与财务监控环节间的有效集成及业务财务信息共享。

通过项目的设计规划，为企业财务预算管理及费用控制方面带来新的改进，通过项目建设有效增加成本控制和预算管理意识，梳理并规范预算编制及财务报销流程，在费用控制上采用事前申请的控制、事中报销控制、事后费用分析的“三段式”控制理念，改变广晟公司有预算无执行控制的财务管理现状。

一、加强财务信息化工作组织领导，落实工作职责

企业财务信息化作为企业信息化的基础和重要组成部分，是一项复杂的系统工程，贯穿企业经营管理各个方面和环节，需要对企业的制度体系、管理框架、业务流程等进行梳理与优化，涉及范围广，工作任务重。企业主要负责人要高度重视，充分认识财务信息化对变革企业管理、增强企业核心竞争力所产生的推动作用，切实加强组织领导，将财务信息化作为集团信息化的先导和突破口，由集团统一规划和组织实施，明确工作任务和要求，落实机构人员和资金，建立健全财务信息化工作组织体系。企业总会计师或分管财务工作负责人是财务信息化工作的直接责任人，在企业信息化总体框架下，与集团首席信息官或分管信息化工作负责人共同推动财务信息化各项工作深入开展。企业财务部门应当与信息化职能部门等相关部门密切配合，分工协作，组织做好规划编制、项目实施、运行维护和应用培训等工作，有效发挥财务信息化对规范企业管理、优化资源配置、防范财务风险、提升经营绩效的促进作用，不断提高企业经营管理水平。

二、统一标准，夯实财务信息化基础工作

财务信息化基础工作是关系财务信息化成败的关键。企业应

当高度重视，并认真做好制度统一、流程梳理和分类编码等标准化建设基础工作。

一是应当建立健全集团统一、完善的货币资金、应收账款、存货、固定资产、在建工程、长期投资等各项资产管理制度。

二是应当根据国家发布的会计准则和财务制度，统一集团会计政策、会计核算、内部交易、财务报告等各项财务会计制度。

三是应当对采购、生产、销售等各个经营环节进行业务流程梳理与再造，加快财务业务一体化进程，优化和完善资金、投融资、预算、成本控制、风险预警、考核评价等管理程序。

四是应当对会计科目、物资、产品、职工、客户、供应商、合同等信息进行分类整理，明确编码规则，实现统一规范编码，并形成编码手册，实施动态维护与管理。同时，应当建立财务信息系统功能模块、数据存储、系统集成等标准体系，为软件集成、信息共享等系统建设奠定基础。

三、结合管理提升，加快建设功能完善的财务信息系统

功能完善的财务信息系统至少应当包括但不限于：会计集中核算、财务合并报告、资金集中管理、资产动态管理、全面预算管理、成本费用管理、财务分析与决策支持、风险管控等功能模块和子系统。各子系统之间应当实现无缝对接和信息集成，并将关键控制环节和控制要求固化于系统中，实现财务信息系统的内部控制。

（一）会计集中核算系统

会计集中核算系统主要指根据集团统一的会计制度和会计

科目编码，由业务驱动自动生成会计凭证、会计账簿和会计报表，并能灵活适应国家会计准则及企业会计政策变更，具备条件的企业应当在集团层面探索开展会计集中核算和共享会计服务。

（二）财务合并报告系统

财务合并报告系统主要指根据内部交易抵销、投资股权折算等合并规则，提取核算系统中的会计信息，自动编制合并报告，生成各类分析统计报表，满足各部门工作报表需要，并能根据国家发布的可扩展商业报告语言（XBRL）技术规范生成报告。

（三）资金集中管理系统

资金集中管理系统主要指通过与预算、核算等业务系统的有效集成，对企业现金、票据、存贷款、外汇等实施统一管控和调配，控制预算外资金支付，促进企业加快内部资金融通，提高使用效率，降低资金成本，防范资金风险。

（四）资产动态管理系统

资产动态管理系统主要指对固定资产、在建工程、存货、股权投资、应收款项、无形资产等资产项目进行全流程管控，实现资产购建、财务入账、流转运行、价值变化、产权变动、报废回收、损益核算等全生命周期的动态管理。

（五）全面预算管理系统

全面预算管理系统主要指对经营预算、投融资预算、资金预算、薪酬预算、财务预算等预算编制、预算审批、预算调整、预算执行监控以及预算考核评价等全过程的管理。

（六）成本费用管理系统

成本费用管理系统主要指以产品、服务、项目等管理及生产运营流程为中心，通过成本费用的归集、分摊、结转、核算等过程监控，实现成本费用的计划、分析、预测、考核等控制管理。

（七）财务分析与决策支持系统

财务分析与决策支持系统主要指通过对业务部门和各级子企业财务信息的跨账簿、跨区域、跨年度等多维度的穿透查询和数据钻取，实现财务分析、行业对标、风险预警、趋势预测、绩效评价等决策支持功能，并以“仪表盘”“驾驶舱”等图文并茂方式进行数据展现和分析报告。

（八）风险管控系统

风险管控系统主要指根据职责分离和风险控制的要求，实现在线审计、内部控制与评价、风险防范与评估等功能。

四、案例分析

以广晟公司近几年建设的全面预算管理系统为例，对全面预算管理体系进行梳理。在传统财务预算的基础上，全面预算管理体系，包括业务预算、投资预算、融资预算和专项预算，提升了财务预算数据的准确性，并通过预算的监控和分析，将预算科目和会计科目建立映射，提高会计核算的完整性，从而也提升财务信息的质量。

（一）全面预算管理对 IT 技术的需求

全面预算管理的重点业务分为年度预算管理及预算日常管理

两个部分。年度预算管理的重点是按业务板块进行编制，包括矿业、电子信息、酒店、建筑、房地产、商贸，最后形成公司级预算。日常预算管理的重点在于预算执行情况的分析。

全面预算管理系统利用信息技术的手段，设计全面预算管理系统的核心理念：以业务计划预算管理为核心，通过业务计划将企业全面预算管理的控制能力渗透至企业经营各个环节；通过业务与财务的协同管理，将财务会计流程与经济业务流程有机融合，用事前的业务活动预算来控制业务和财务活动的发生和执行，并自动实现账务处理。具体全面预算管理业务对系统支撑需求如图 4 – 28。

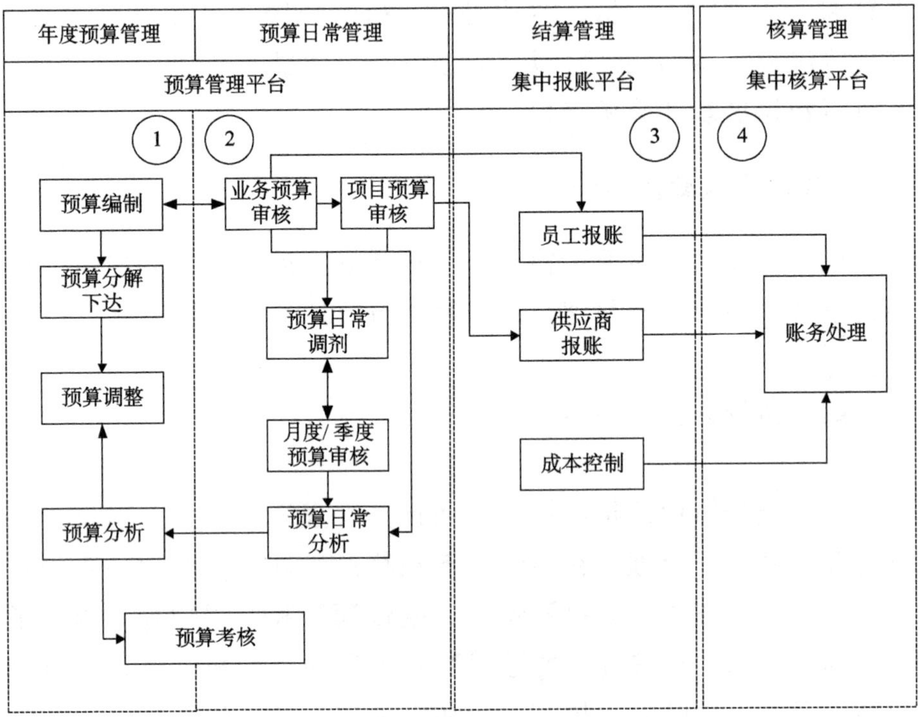

图 4 – 28　全面预算管理对系统支撑的需求

全面预算管理实现的业务财务一体化模式体系，主要包括与以下四个环节的衔接：年度预算管理、日常项目预算管理、结算管理、核算信息管理。这些环节中应重点关注以下内容：

• 年度预算管理环节：在全面预算管理的思路和目标框架下，进行年度预算的编制、分解、审批、调整、下达流程，并进行预算的分析及考核管理。

• 日常项目预算管理环节：在全面预算管理的框架下，在已编制好的年度预算大盘子内开展日常业务项目活动，日常执行、调整、分析与考核。以基于业务活动的运营开支、资本开支管理、成本核算为主要的信息来源，作为预算执行过程中控制的基础和重心。

• 结算环节：非付现业务基于申报的活动明细类别进行成本的待摊与计提。付现业务按照活动明细类别分拆合同总金额，从而进行预算控制。

• 核算环节：系统可进行核算信息归集整理，实现预算与会计科目的映射关系

（二）全面预算管理系统的定位

全面预算管理系统在财务管理系统整体应用架构中位于业务应用层，其满足对公司全面业务预算及财务预算的编制/管控/分析等业务需求。作为财务控制功能中的一个应用系统，全面预算管理系统在财务系统整体架构中的定位关系可见图 4－29。

（三）系统体系架构

广晟集团根据对全面预算管理业务管理需求，其全面预算管理系统包括三个应用——预算编制、预算控制以及预算分析。这三个应用在整个财务系统体系架构中处于业务应用层面。作为财务管理系统体系架构的一部分，全面预算管理系统与已建成或将建设的多个财务系统以及其他业务系统都存在数据交互关系。系统整体体系架构见图 4－30。

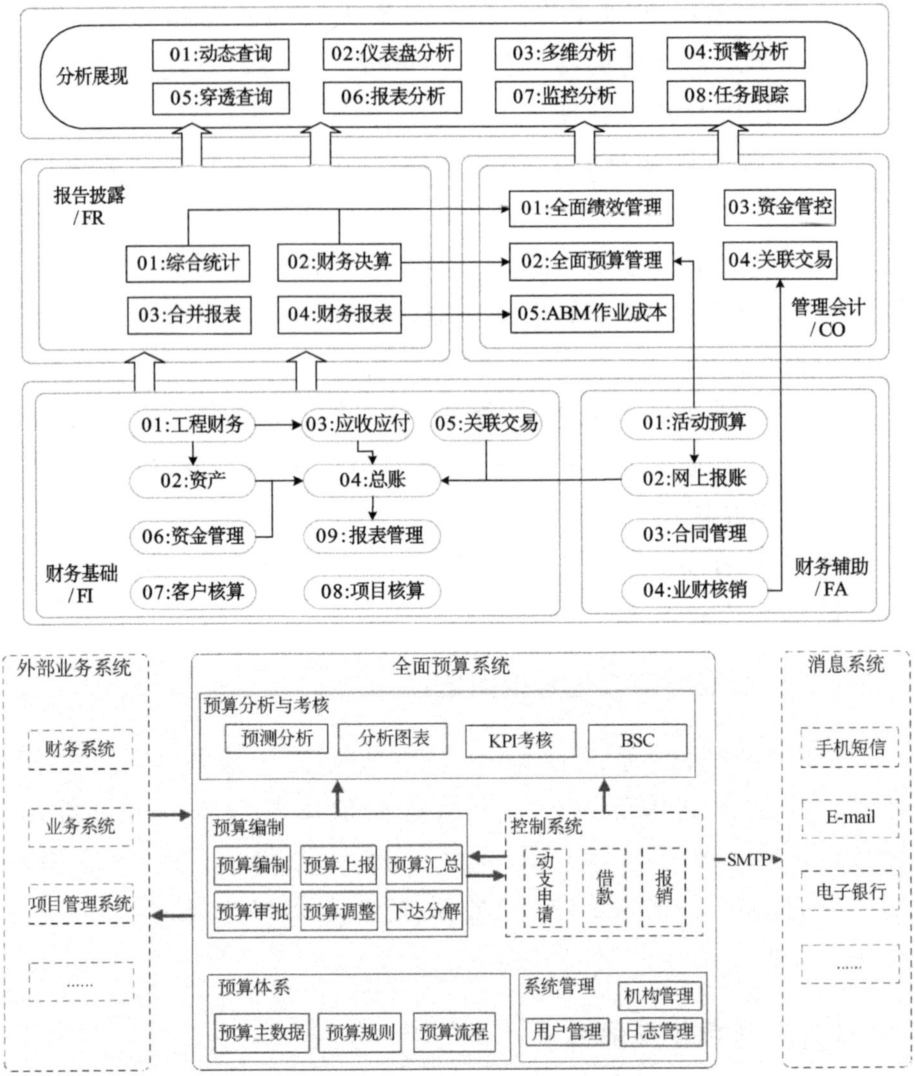

图 4-30　全面预算系统体系架构

（四）系统总体功能架构

全面预算管理系统功能架构主要包括：预算管理功能、查询统计功能、系统管理功能、接口管理等几个层面（见图 4-31），具体见表 4-2。

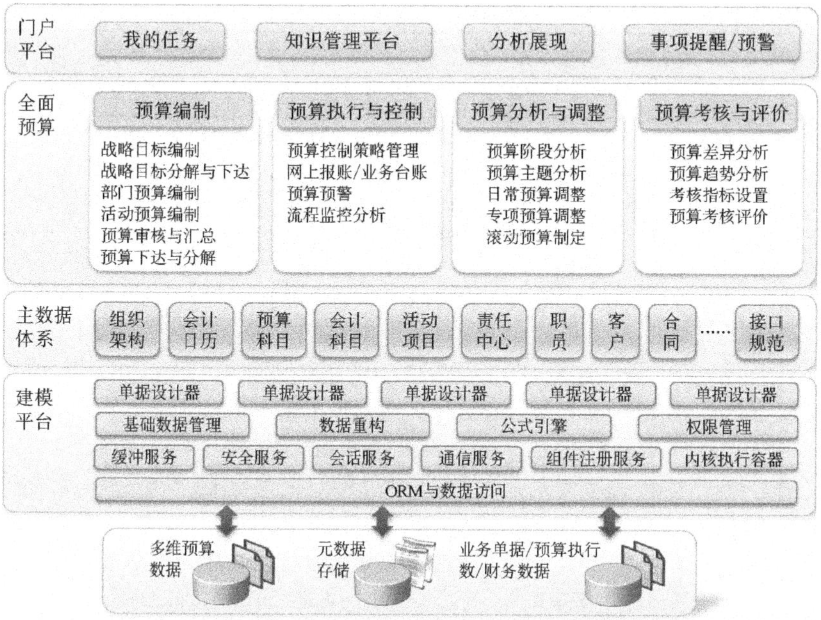

图 4－31　全面预算系统功能架构

表 4－2

编号	业务功能		描述
1	预算编制	年度预算编制	各公司、各部门年度预算的录入、导入和汇总
		年度预算审核	根据各部门填好的预算汇总生成归口部门专业审核模板和财务审核两类模板，可查询可调整，并记录调整历史
		集团下达预算	录入集团下达的预算指标数
		集团对责任单位（公司/集团总部各部门）分解	按照集团下达的预算指标数分解成公司/集团总部各部门的预算指标数
		下达责任单位预算	将分给各责任部门的预算数下达
		实际成本数据补录	录入无法从其他系统导入并且影响成本数据的业务数据
2	预算分析考核	报表分析	• 按固定报表格式出具预算相关统计分析，也可自定义相关报表。如：结构分析、差异分析等 • 通过考核指标体系，对集团、各预算责任主体进行关键指标考核

续表

编号	业务功能		描述
3	预算调整	预算调整	对预算数据进行调整，支持滚动调整的方式
4	系统管理	工作流管理	预算编制、预算审核、预算分解、预算申报、预算调整，实际成本数据补录的审批流程设定，包括通知的设置等
		权限管理	• 维护组织、角色、用户 • 设置能够使用全面预算管理系统的用户，以及各用户访问系统（对应公司、部门、菜单、功能、流程等）的权限、口令
		数据字典	• 维护预算科目、会计科目、战略、产品、品牌、情境、业务活动、版本、期间、币种、汇率等项的数据，部分从其他系统获取，部分是在本系统内维护
		预算账套	• 设定预算账套启用的维度、本位币信息等，在同一环境可建立多账套，相互屏蔽 • 预算定义、工作流定义等都是需要分账套设置
		实际（科目）发生额	会计科目账户对应的预算科目实际发生额汇总，从其他系统导入，以便将预算与实际数据对比分析
		映射管理	业务类型与预算责任部门、业务类型与预算科目等映射关系维护
		模板管理	对各套模板各表单表项的管理，增加、减少、调整模板，调整模板里栏位数值取数逻辑及表间计算关系等
		预算策略	从预算控制模式、预算分类、预算策略维护三个方面对预算控制方法进行设置
		系统维护	• 对系统的数据进行备份或恢复，系统日志的查询和清除，系统运行状况监控，用户个性化的配置如界面颜色、字体等 • 系统帮助，对系统功能的解释说明，及系统操作的方法
		接口管理	管理与各个系统的接口，处理与资金平台、OA/Portal 办公平台等系统的数据交换，可对接口数据自动校验，对记录接口传输日志，对接口状态进行监控

第五章　案例分析——财务信息化系统建设

第一节　集团财务信息化建设原则

总体上，在完成信息系统业务功能范围的基础上，各信息系统建设要坚持六项主要原则（见图 5－1）。

一、安全性原则

财务信息化系统包含一套完整的财务信息管理流程，涉及多个单位和部门，跨越多个业务流程处理环节，并涉及大量企业经营财务管理不宜公开的内容。因此，系统应严格限定各级使用者的访问权限和操作权限，并具备良好的抵抗外部各种冲击的能力

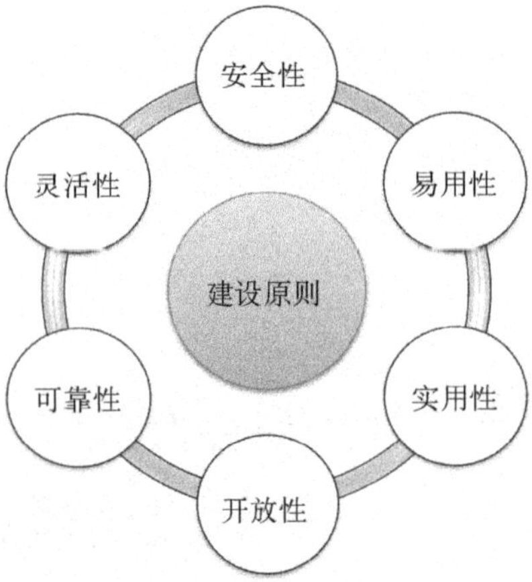

图 5－1　系统建设原则

和灾难恢复能力，以保证系统的正常运行，确保信息的安全、保密、完整。

二、灵活性和扩展性

系统的数据源于集团公司各不同板块业务内容，功能涉及面广。由于业务系统的建设规划是分步进行的，不同时期系统的信息模型（包括逻辑模型和物理模型）可能存在差异，因此本系统建设的原则之一是能够灵活地适应数据源的变化。另外，基于各种用户或业务领域对于信息格式及具体内容可能存在的特殊要求，本系统可以通过灵活的方式采集信息和对外提供信息。

系统使用者的需求和系统的规模会随着区域的不同、时间的推移而发生变化，系统在建设过程应更灵活地组织与存储信息，以增强系统扩展能力。系统功能的增强、增加不应引起系统总体结构的变动。

三、可靠性原则

系统每天都处理着大量的业务数据，任何时刻的系统设备故障都有可能带来重大损失，这要求系统具备很高的稳定性和可靠性，以及很高的平均无故障率，保证故障发生时系统能够提供有效的失效转移或者快速恢复等功能。

四、开放性原则

开放性原则要求其软件体系结构设计开放、灵活，具有规范的技术接口标准，既能支持异构平台的硬件环境，也能适应异构软件系统不同的功能部件在规范接口标准的基础上实现集成，具备良好的二次开发能力，能满足企业特定业务功能的需要。因此，系统能够与现有的数据采集系统、其他业务系统进行顺畅的数据交换，提供完全符合业界标准的、主流的接口。

五、集成性和实用性原则

系统的建设既要充分体现统计业务的特点，充分利用现有资源，集成现有的系统，合理配置系统软硬件，保护用户投资，又要着眼建成后实际的使用与未来技术发展方向，具有良好的扩充能力。系统应对统计部门组织架构和业务流程的变动具备低敏感性和优秀的支持性能，当组织机构或业务流程发生变动时，系统如需变更，变更手段应简单易行。

根据集团公司的组织结构情况、业务情况、办公地域情况等，在一定网络条件下，各信息系统均能支持灵活的部署方式，既支持集中部署，也支持分布式部署；既能满足集团现实的需要，也能兼顾到以后公司发展的需要。

六、可维护性及易用性原则

由于财务信息组织和利用具有灵活性、扩展性的特点，对系统管理维护的要求很高，在本系统设计过程中将充分考虑系统的管理维护能力。在不影响决策者正常思维方式的前提下，系统提供灵活、易用、友好的操作界面，具备良好的亲和力，尤其在前台展现部分，界面应符合应用习惯，具备良好的可定制能力，定制过程简单易用。

第二节 系统特点和技术路线

系统采用基于 Java 技术的 J2EE 分层企业应用架构开发，设计成基于 J2EE 和工作流引擎、B/S 结构的全面预算管理应用，并具有以下特点：

（1）主体应用基于 J2EE 企业级应用开发框架，独立于操作系统和数据库平台，具有完全的可移植性，支持 64 位服务器。

（2）功能的参数化、元数据化和维度化，通过对不同类型业务的抽象，以参数或元数据的形式描述具体的业务特征，使系统获得强大的定制能力和较强的大数据量处理能力，能够完全满足企业的业务发展要求；系统能够随时查询维度和预算要素，且对计划框架和要素进行灵活管理，包括预算要素的增加、修改、删除等。同时，具有广泛的业务适应性，许多常规的功能需求都不需要重新开发，只需在现有功能的基础上进行特定的配置即可获得。

（3）系统采用多维数据库，组织、科目、产品等要素可构建 9 层以上的树状结构，极大地方便了数据挖掘和汇总，并能够快速建立或修改多层次的汇总计算关系。支持按层级架构的自动计算，支持包括加、减、乘、除、百分比等计算；对于复杂的计算逻辑，维度成员可以支持灵活的公式定义，从而方便业务逻辑模型的搭建。

（4）通过引入工作流引擎实现对业务的建模，而且业务处理流程和处理内容的变化不需要重新编程，只需通过工作流引擎的业务建模平台对业务进行重新建模即可。

（5）支持远程管理、远程维护和远程升级，通过开发业务建模平台和元数据管理控制台，使系统获得强大定制和二次开发能力，实现系统快速维护、快速升级。由于业务建模平台和元数据管理控制台均基于 HTTP 协议和 Web Service 技术，可跨越广域网和防火墙。

（6）模块化的设计使系统支持灵活的部署模式，为系统提供负载均衡。系统将功能以模块化的设计分开，不同模块可以部署在不同机器上，不同用户可共享相同的数据库，而且系统可支持内网/外网或内外网结合等各种情况。

（7）通过设计公式脚本语言，使系统获得强大的二次开发能力，利用公式可定义任意数据之间的勾稽关系，全面提高系统的运算能力。

（8）实现自动分页、字体自适应、所见所得等打印技术。完整的打印功能包括分页向导、打印预览、打印及打印区域选择。其中，分页向导设置表格分页方式，打印预览调整打印格式及内容，打印及打印选定区域用于打印当前报表表样。另外，还支持打印方案、套打格式的设置。打印功能与具体打印的数据无关，可由用户可直接设置打印内容格式，并存成打印方案，以后用户在需要打印时只需选择相应的打印方案即可。

（9）提供功能强大的报表生成器，可以生成任意样式的预算差异分析表、预算进度分析表等。

（10）本系统还将提供多种形式的查询工具，比如组合条件式查询、关键字查询、向导式查询等功能，这些查询工具都大量应用默认知识减少用户设置工作量。

（11）系统具有全部汉化的中文界面，并提供联机帮助和出错信息提示。

（12）系统提供系统性能监控终端，用户可以图形化地查看系统对服务器资源的占用情况。

相关图例参见图 5－2 和图 5－3。

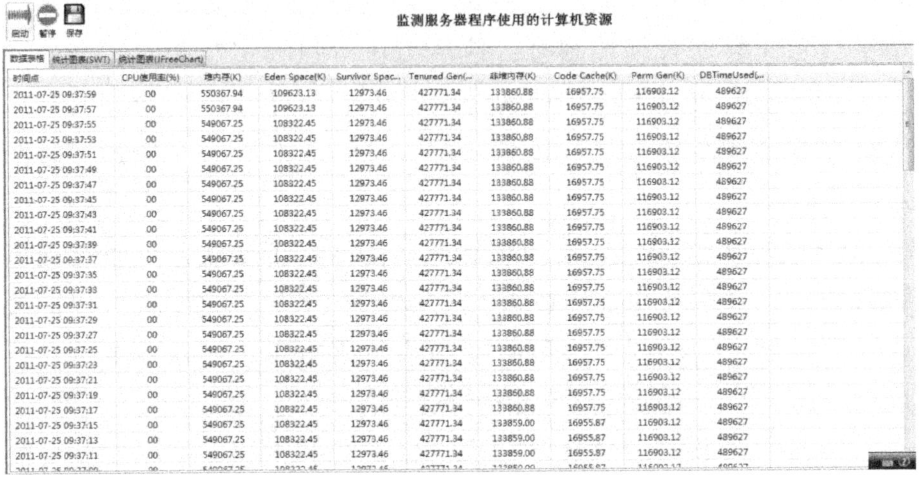

时间点	CPU使用率(%)	堆内存(K)	Eden Space(K)	Survivor Spac...	Tenured Gen(...	非堆内存(K)	Code Cache(K)	Perm Gen(K)	DBTimeUsed(...
2011-07-25 09:37:59	00	550367.94	109623.13	12973.46	427771.34	133860.88	16957.75	116903.12	489627
2011-07-25 09:37:57	00	550367.94	109623.13	12973.46	427771.34	133860.88	16957.75	116903.12	489627
2011-07-25 09:37:55	00	549067.25	108322.45	12973.46	427771.34	133860.88	16957.75	116903.12	489627
2011-07-25 09:37:53	00	549067.25	108322.45	12973.46	427771.34	133860.88	16957.75	116903.12	489627
2011-07-25 09:37:51	00	549067.25	108322.45	12973.46	427771.34	133860.88	16957.75	116903.12	489627
2011-07-25 09:37:49	00	549067.25	108322.45	12973.46	427771.34	133860.88	16957.75	116903.12	489627
2011-07-25 09:37:47	00	549067.25	108322.45	12973.46	427771.34	133860.88	16957.75	116903.12	489627
2011-07-25 09:37:45	00	549067.25	108322.45	12973.46	427771.34	133860.88	16957.75	116903.12	489627
2011-07-25 09:37:43	00	549067.25	108322.45	12973.46	427771.34	133860.88	16957.75	116903.12	489627
2011-07-25 09:37:41	00	549067.25	108322.45	12973.46	427771.34	133860.88	16957.75	116903.12	489627
2011-07-25 09:37:39	00	549067.25	108322.45	12973.46	427771.34	133860.88	16957.75	116903.12	489627
2011-07-25 09:37:37	00	549067.25	108322.45	12973.46	427771.34	133860.88	16957.75	116903.12	489627
2011-07-25 09:37:35	00	549067.25	108322.45	12973.46	427771.34	133860.88	16957.75	116903.12	489627
2011-07-25 09:37:33	00	549067.25	108322.45	12973.46	427771.34	133860.88	16957.75	116903.12	489627
2011-07-25 09:37:31	00	549067.25	108322.45	12973.46	427771.34	133860.88	16957.75	116903.12	489627
2011-07-25 09:37:29	00	549067.25	108322.45	12973.46	427771.34	133860.88	16957.75	116903.12	489627
2011-07-25 09:37:27	00	549067.25	108322.45	12973.46	427771.34	133860.88	16957.75	116903.12	489627
2011-07-25 09:37:25	00	549067.25	108322.45	12973.46	427771.34	133860.88	16957.75	116903.12	489627
2011-07-25 09:37:23	00	549067.25	108322.45	12973.46	427771.34	133860.88	16957.75	116903.12	489627
2011-07-25 09:37:21	00	549067.25	108322.45	12973.46	427771.34	133860.88	16957.75	116903.12	489627
2011-07-25 09:37:19	00	549067.25	108322.45	12973.46	427771.34	133860.88	16957.75	116903.12	489627
2011-07-25 09:37:17	00	549067.25	108322.45	12973.46	427771.34	133860.88	16957.75	116903.12	489627
2011-07-25 09:37:15	00	549067.25	108322.45	12973.46	427771.34	133859.00	16955.87	116903.12	489627
2011-07-25 09:37:13	00	549067.25	108322.45	12973.46	427771.34	133859.00	16955.87	116903.12	489627
2011-07-25 09:37:11	00	549067.25	108322.45	12973.46	427771.34	133859.00	16955.87	116903.12	489627

图 5－2　服务器使用资源情况

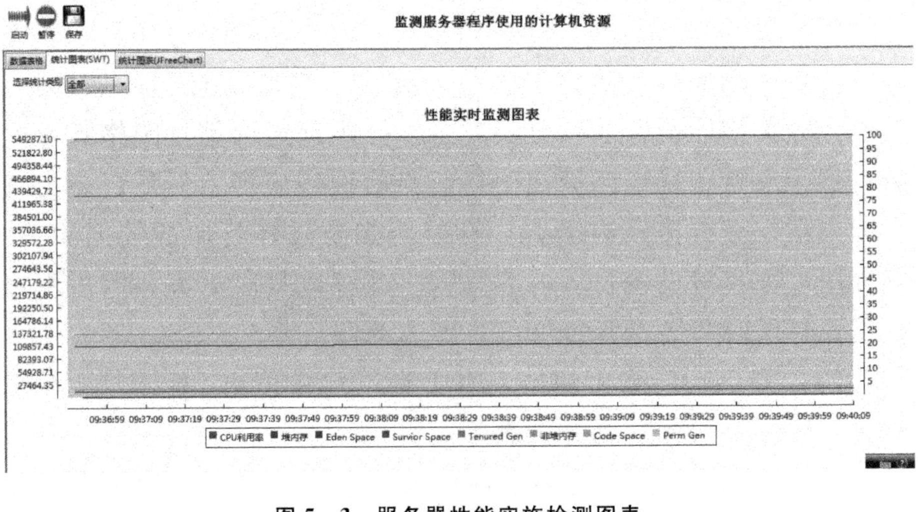

图 5－3　服务器性能实施检测图表

第三节 财务综合信息系统建设

一、建设目标

（一）支持多层次战略决策

通过对数据模型按区域、专业、品牌进行组织，数据很容易被切割分布和访问。比如：总公司可以通过分析预测全体数据指标，将战略目标分解给各下属企业；各下属企业也可以迅速获得自己所关注范围内的数据，并通过分析预测制定修改自己的战略目标，以及将目标分解给下级单位。

（二）数据集中管理

数据集中管理的方式是使用网络直报、自动接收等多项先进的技术，从指标的定义上严格把控，层层分级控制，在统一的数据库、统一的应用平台下操作。数据集中管理强制所有数据必须被清洗、整合，从而保证数据的一致性和可比性，还可提高数据查询效率。从管理角度看，数据集中管理减少了系统被部署的数量，可有效降低系统的管理和维护工作量，避免了日常工作中数据传递效率低下、准确率不高等问题。

（三）满足不同角色的信息处理需要

系统支持足够多的维度和粒度满足不同角色的信息处理需

要，如时间维度：年、季、月、旬、日；空间维度：总公司、分公司、子公司。通过这样微细的划分，不同需求的用户可以利用系统功能制作任意形式的分析表，用户只需点击分析表的名称即可得到按规定表格格式输出的、满足特定过滤条件的财务数据。在分析表中可以定义计算公式，满足用户特定的计算需要，完成一些常规分析，例如比较分析（环比、同比、占比、定比）、趋势分析、数据挖掘等。综合分析提供了多种数据分析工具，对不同用户的决策提供支持，包括财务预测、专家系统。系统提供各类主题分析，例如生产经营分析、财务状况分析、财务杠杆分析等。专家系统是采用基于规则的推理机制。利用专家系统，系统可以自动对财务数据库进行计算、分析，并生成详尽的分析报告。本系统方案运用以上方式对计划资料、财务数据、历史数据进行分析预测，以满足不同管理层级、不同管理人员的经营分析及信息需求。

（四）具有前瞻性的技术平台和技术架构

基层用户所有操作面向浏览器都采用 B/S 模式，方便操作的同时使客户端零安装、零维护。对于高级管理员而言，采用 C/S 模式的系统维护工具，相比 B/S 模式提供更多更强的系统功能。

二、关键应用需求分析

财务综合信息管理系统是按照“设施应用”的思想成功设计出来的大型信息管理系统，它具有以下特点：

（1）充分利用网络技术，构建高效、统一的基础统计数据采集平台。

（2）采用 XML 技术，确保数据在企业内任何地方被一致理解。

（3）基于开放的平台和开放的技术，如 XML 技术、Web

Service 技术。

（4）基于 B/S 技术的三层应用体系架构，允许任何合法用户，在任何时间、任何地方、以任何方法访问任何数据，可以对任何层进行单独扩展和升级。

（5）具有统一的指标体系，确保统计数据一致性，并方便新数据引入。

（6）具有强大的订制能力，不需要重新开发，只需在现有功能的基础上进行订制。

（7）具有非常灵活、细致的权限管理能力，可对系统订制访问权限。

（8）具有非常灵活的公式定义引擎，能够在横向和纵向表达指标之间的任何关系。

（9）具有非常灵活的报表制作引擎，可以生成任意格式的报表。

（10）具有丰富的分析模型，其中包括时间序列分析技术、回归分析、专家系统和企业综合评价模型等，帮助用户对统计数据进行精加工和深度利用。

本系统建立在开放的技术平台之上，具有先进的设计理念和灵活的架构，针对特定行业或特定企业进行适应性改造，可以适用于任何行业、任意规模的企业或组织，尤其适合于大中型企业集团或总公司，特别是需要建立统一信息平台的企业或组织。

三、组成模块设计

本系统由五大功能模块构成：参数定义（元数据定义）、数据管理、综合查询等。

（一）参数定义

参数定义，又称为元数据定义，是系统运行的起点，用来建立企业的制度体系，主要包括枚举字典定义、指标定义、报表定义、公式定义、单位定义、组织机构定义、打印方案定义七部分。

1. 枚举字典定义。

枚举字典定义用来完成系统中枚举字典的定义设置。

- 可以对枚举字典进行分组、增加、删除、修改。
- 枚举字典属性包括：标识、标题、代码长度、编码结构。

2. 指标定义。

指标定义用来定义企业所使用的各种类型的数据。

- 可以定义多种类型的数据，包括字符型、整型、浮点型等。
- 可以定义指标的各种属性，包括指标名称、计量单位、指标解释（指标编码、中文定义、汇总类型等）、数据长度、小数位（只对浮点类型有效）；可以增加、修改和删除指标。

3. 报表定义。

报表是指标的逻辑归类，是由一系列相关的指标构成的，主要用来向基层单位采集数据。

- 在报表定义中支持固定格式及不固定格式的报表定义。
- 支持表样的分组维护。
- 支持 EXCEL 格式的报表转入，用户在 EXCEL 中定制好报表格式后，可以转入到本系统中。

4. 公式定义。

公式定义是对指标和报表定义的补充，可以实现部分指标数据的自动实现和指标之间的数据约束关系。

- 可以灵活定义报表公式，包括审核公式、运算公式、逻辑公式等，支持加、减、乘、除、求余，以及条件关系表达式等多种函数。
- 支持各类公式的批量导入、导出、修改、打印。

5. 单位定义。

单位是数据依附的主体，单位可以是本企业、部门、企业的分支机构或子公司等等。单位定义主要用来维护及管理单位信息。

- 可以对单位代码、单位信息进行灵活定义。
- 可按单位的上下级关系构成单位树形目录。
- 有权限的用户可增加、删除、修改单位信息。
- 提供单位信息的数据接口，可将单位信息导出为数据文件，也可装入单位信息，便于单位信息的维护。
- 可对单位进行分组以及分组、分层维护。

6. 打印方案定义。

打印是计算机输出的一种常用途径。所见即所得是打印的基本要求，准确性、美观性、灵活性是打印要求的重要方面。所谓准确性，是要求打印能控制一定的精度范围，打印内容完整准确；美观性，是指打印提供美观实用的操作平台；灵活性，是指打印的调整灵活、调整方式多样，容易控制打印内容。

实现 WEB 端的表格打印，系统中所有生成的报表都提供打印接口，如查询结果、分析结果等。

- 当表格内容够宽，行数够多时一张纸打印不完，需要分页处理。
- 可批量打印多户单位的多张报表。
- 有效支持报表预览及报表打印。
- 在报表设计时可以灵活设定多种打印参数：如页边距、打印方向、页眉、页脚等。
- 支持多种打印方案设置。

（二）数据管理

数据管理提供了从数据采集、审核、传输、接收、整理、汇总、存储等数据处理过程的管理，包括数据录入、数据审核、数据汇总、数据导入/导出。

1. 数据录入。

数据录入修改在浏览器模式下直接操作，用户根据自己的数据进行实际数据填报工作。为方便用户操作，更提供以下辅助功能：

- 切表：用户可以根据自己需要选择录入的表格。
- 切换单位：在管理多个单位情况下，可随时切换单位。
- 填表说明：基层用户录入编辑数据时，提供方便查看填报说明的功能。填报说明是指上级对数据收集的时间、周期、填报口径等说明性文档。
- 历史数据：基层用户在录入编辑数据时，提供方便查看历史数据的功能。
- 图表：可生成圆饼图、直方图、趋势图等图形。
- 导出：可导出 WORD 格式、EXCEL 格式、HTML 格式、XML 格式。

（1）相关数据提取。在对经营数据处理的过程中，可能需要提取以往年度的经营数据，以便实现多年分析；在系统中，可以通过历史数据关联的方式，把历史数据自动提取到指标单元之中，以减少手工录入的工作量以及人为出错的概率，保证数据的连贯性与正确性。

（2）数据保存。将收集的数据保存到服务器中，以便以后进行修改调整。保存后的数据，基层用户仍然保留修改权限。

（3）数据运算。在数据处理模型中，数据之间的层次关系最终体现为各不同业务数据的运算关系，系统根据设定的业务规则进行运算，可以生成所设定好的中间数据。

运算可设置为：自动运算、手动运算。

2. 数据审核。

数据审核提供了对用户输入的数据的合法性和合理性的检查。数据的合法性审核是检查输入的数据必须满足相应的条件和要求，它具有强制性，没有通过合法性审核的数据将不允许上报。数据的合理性审核是检查输入的数据在具体环境下的“常规性”。例如，如果某一数据的增长幅度超出了预期的范围，则可能存在问题（如人为的疏忽）。合理性审核不具有强制性，它只是提醒用户需要对数据进行再次确认。

• 数据的合法性和合理性审核主要是通过公式来实现，请参见“制度参数定义”中的“公式定义”。通过这些公式检查数据内在的一致性。

• 系统还将支持人工审核，主管人员可以对上报的数据进行检查，对有问题的数据作出批复和驳回，由基层业务人员重新上报。

• 审核出错的单元格，能进行自动定位和颜色的区分。

数据的准确性和有效性是统计数据能否发挥作用最根本的前提条件，数据审核是检查统计数据逻辑上的有效性和在具体经济环境下的合理性。

第一，逻辑有效性审核。指标定义逻辑，如业务量必然大于0，利用率小于100%。

指标之间的验算关系：如资产 = 负债 + 所有者权益。

第二，数据合理性审核。根据历史数据情况或指标之间内在一致性（相关关系）的确定，如界限审核、幅度审核、模型审核等。

系统对上述两种审核提供了全面支持。

公式审核：根据相关业务规则进行审核。

模型审核：借助一些统计模型进行审核。

3. 数据提交。

数据录入完毕且审核无误后，数据上报单位就可以通过数据提交功能，把数据上报给上级单位。

（1）数据填写完毕并确认后进行数据提交操作，数据提交后不允许再进行数据的填写；

（2）页面中会显示当前单位状态及批注信息；

（3）上级可以驳回不符合要求的单位数据，且说明数据驳回意见；

（4）对符合要求的单位数据进行确认；

（5）单位的状态分为：未提交、已提交、已驳回。

4. 数据汇总。

（1）汇总是指多个单位按指定的汇总方法生成一个汇总单位。汇总的本质是对单位数据按某种分类计算出一些临时结果，对基层数据进行预处理。按照关键指标分类进行分级汇总，分级汇总在指定维度上预先得出汇总数据，为多维数据查询打下坚实基础。

● 数据汇总可以实现统计数据横向、纵向、逻辑上的汇总。数据的横向汇总即对分支机构或下属单位的数据进行归并；数据的纵向汇总是将粒度小的数据汇总成粒度大的数据；数据的逻辑汇总是按逻辑概要层次进行汇总。

● 汇总方式需支持节点汇总、选择汇总、选表汇总等。

● 各类汇总方式均应支持折半、变长纪录的（项目、能力）罗列和归并汇总等。

（2）指标支持多种汇总方式。

累计：将指定多个单位的同一指标结果简单叠加。

折半：将指定多个单位的同一指标结果简单叠加取一半的值。

最大：取指定多个单位的同一指标的最大值。

最小：取指定多个单位的同一指标的最小值。

平均：取指定多个单位的同一指标的平均值。

不汇总：该指标不进行以上任何一种运算。

（3）浮动指标汇总方式。

浮动指标是固定指标的明细数据，在浮动指标汇总时，支持以下功能：

简单罗列：汇总单位将基层单位所有浮动数据全部罗列。

简单汇总：所有浮动数据在汇总单位里只汇总为一行。

分级汇总：按照浮动表的编码级次分级汇总。

不汇总：浮动数据不汇总到汇总单位。

5. 数据导入/导出。系统提供了导入/导出功能，用来将外部的系统或平面文件中的数据批量加载到数据库中，或者将本系统的数据导出来进行相关数据处理，减轻业务人员数据处理的工作量。

- 将本系统数据库中的数据批量导出。
- 将其他系统的数据通过一定的形式批量导入本系统中。
- 以将本系统中的数据导出成标准的文本文件、HTML/XML文件和EXCEL格式的文件，方便与外部系统的数据交换。
- 提供数据备份功能。

（三）综合查询

提供非常灵活的查询系统，根据查询内容的不同需要，实现多种查询方式，如预定义查询、灵活查询、模糊查询、查询预警等。

- 查询内容设置提供单位、时期、指标的选择。
- 指标及单位可按分组及数型结构进行选择。
- 可查询不同类型（年报、月报、旬报）数据。
- 可按指标的不同维度进行查询。
- 可修改要查询指标的指标名称。
- 修改要查询指标的提取公式，实现分析指标及运算指标的查询。
- 提供单位及指标的高级选择。
- 可设置查询数据过滤条件。
- 可选择是否要生成图（圆饼图、直方图、折线图等）表。
- 根据当前用户的权限，显示查询内容及模板。
- 查询条件可重新设置。

1. 预定义查询。

对于用户经常要使用和查看的查询内容及数据，用户可以定义为查询模板，然后在预定义查询中点击相应的名称即可获得查询结果。

可选择在查询前是否要浏览相应查询模板内容：

- 如果不需要，可直接获得查询结果。
- 如果需要，可查看或修改查询内容，再查询以获得查询结果。

2. 灵活查询。

用户可以从任何角度（时间、指标和单位）设定查询条件，迅速得到所需要的数据。

- 单位固定查询：基于某户单位的数据进行的查询。
- 指标固定查询：基于某个指标的数据进行的查询。
- 时间固定查询：基于某个时期的数据进行的查询。

3. 模糊查询。

输入指标代码或指标名称的关键字，即可查询到所有相关内容，实现模糊匹配查询，显示所有匹配指标，选择单位、时期获得查询结果。

4. 查询预警。

查询时可自动根据设置的预警条件，对单位数据进行预警提示。

- 预警条件可以由用户自定义。
- 每个查询指标（查询项）都可设置预警项。
- 每个查询项可以对应多个预警项。

5. 查询结果维护。

- 可以将查询结果导出为多种格式的文件，如 HTML、XML、文本、EXCEL 等。
- 可将查询结果打印输出。
- 查询结果可按指标对单位进行排序，或按指标对时期进行排序。
- 对查询结果表在不同维度上排列方式进行选择，根据需要变换表样及表结构。

- 将查询结果按图表显示。
- 对预警指标进行过滤。
- 灵活查询内容可保存为查询模板。

6. 预定义模板维护。

- 设置各类查询内容。
- 对查询模板分组管理。
- 可设置查询模板及模板组的访问权限。
- 查询模板管理可以浏览、修改、增加和删除查询模板和查询模板组。

7. 查询模板管理。

对于用户经常要使用和查看的查询内容及数据，用户可以定义为查询模板，然后在模板维护中点击相应的名称即可获得查询结果。

- 按照预先定义的模板进行查询；
- 设置各类查询内容；
- 对查询模板分组管理；
- 可设置查询模板及模板组的访问权限；
- 查询模板管理可以浏览、修改、增加和删除查询模板和查询模板组。

8. 查询结果输出。将查询后产生的结果，以某种形式保存下来。

- 可以将查询结果导出为多种格式的文件，如 HTML、XML、文本、EXCEL 等；
- 可将查询结果打印输出；
- 查询结果可按指标对单位进行排序，或按指标对时期进行排序；
- 对查询结果表在不同维度上的排列方式进行选择，以根据需要变换表样及表结构；
- 将查询结果按图表显示；
- 灵活查询内容可保存为查询模板。

（四）数据预测

预测是根据经济发展过程中的历史和现实，综合各方面的信息，运用定性和定量的科学分析方法，提炼出经济发展过程的客观规律，并对各类经济现象之间的联系及作用机制进行科学的分析，指出各类经济现象和经济过程未来发展的可能途径和结果。按其性质分析，预测可分为定性预测和定量预测。定性预测通常需要大量的人工交互，实施成本很高，本系统只要求提供定量预测方法。按定量预测方法对数据需求的不同又可将定量预测分为时间序列预测和相关预测。

1. 历史数据自动预处理。

由于存在数据缺失、数据异常和统计口径的差异，统计数据一般不能直接用于模型预测，必须对异常数据进行平滑处理。这就要求系统在选定预测模型进行预测前，自动对历史数据进行平滑处理，并给出平滑处理的算法。

2. 趋势预测模型。

系统能提供常见趋势预测模型，如线性趋势预测模型、二次曲线预测模型、指数曲线预测模型、对数曲线预测、皮尔曲线预测模型、高珀兹曲线预测模型等等。

3. 平滑预测模型。

系统能提供常见平滑预测模型，如布朗二次指数平滑法、布朗二次多项式指数平滑法、霍尔特线性指数平滑法等等。

4. 季节预测模型。

系统能提供常见季节预测模型，如温斯特—霍尔特季节预测模型、缪尔—温特斯季节预测模型、不变季节指数预测模型、博克斯—詹金斯预测模型等等。季节周期是由数据的粒度决定的，常用的季节周期有“月”（周期为 12）、“季”（周期为 4）、“半年”（周期为 2）、“旬”（周期为 3）等等。

5. 相关分析模型。

系统能提高常见的相关分析预测模型。对于线性模型，要求能提供一元线性回归模型和多元线性回归模型；对于非线性模型，要求能提供几种特殊的非线性回归模型。

6. 自动预测。

为降低普通用户使用系统提供的统计预测功能的要求，要求系统具备自动预测功能，用户只需选定需要预测的指标，系统就能自动利用一些判定规则选择预测模型，给出预测结果。

第四节　集团财务集中核算系统建设

一、系统框架图

广晟公司财务集中核算系统框架见图 5 – 4。

二、建设目标

广晟公司集中财务核算和管理体系，形成了统一规范的财务工作流程、会计科目体系、报表口径及资产类别，并兼顾各公司的实际业务，提高了财务信息的共享性、及时性、可比性和真实性。

三、关键应用需求分析

（一）总账系统

总账系统是财务会计系统的核心模块，它提供了全面的财务

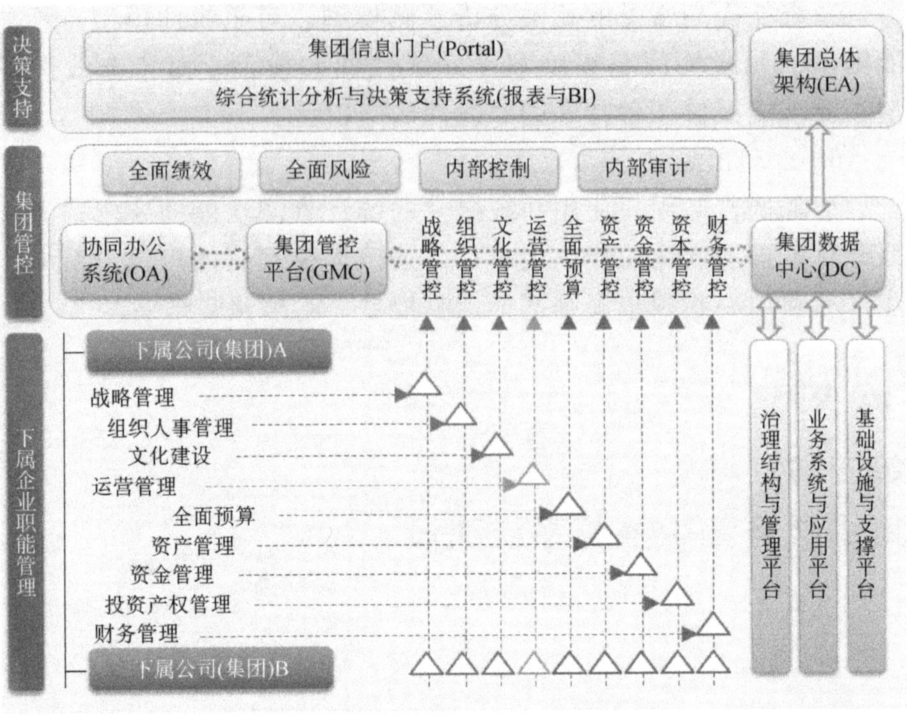

图 5-4　财务集中核算系统框架图

核算管理功能。外部系统的业务单据通过财务会计平台生成会计凭证，传递、汇集至总账系统，再由总账系统进行后续财务处理，实现完整的财务核算流程。

总账系统集中体现了集中式管理，为企业提供了一个功能强大、灵活方便的应用系统。具体有以下特点：

1. 支持集团应用。总账系统适应集团企业集中式管理的要求，支持跨单位制单，支持多单位查询，只要有权限，就可以替下属任一单位制单，可以查询到任一单位的账表、凭证；重要参数集团控制，下属单位只能查询或者修改公司级的参数，如“下属单位是否允许反结账”参数的设置值可由上级单位统一控制；集团通过参数控制下级单位的基础档案设置权，如一级会计科目集团统一控制，下属单位只能增加修改二级以下科目；基础数据集团共享，有利于集团统一监控。

2. 支持国际化应用。总账系统支持多币种的核算，支持单主币或主辅币核算，体现了国际化应用的特点。

3. 适应管理的变化。总账系统充分考虑了企业经营管理活动的灵活性、多变性，年度期初余额可根据管理需要进行手工调整，以及支持科目编码使用后的变更，很好地适应了企业管理的要求。

4. 系统数据的全面集成。系统的所有基础数据可引用为会计科目的辅助核算，从而做到辅助核算的集团应用与基础数据的集团应用保持一致。辅助核算可灵活设置，通过自定义项的方式允许用户设置任意多个自定义辅助核算。

总账模块的基本业务流程为：初始设置——凭证处理——账簿输出——期末处理。初始设置是指为账务处理进行必要的准备或调整；凭证处理是账务处理的基本工作，主要包括填制凭证、出纳签字、凭证审核、凭证记账；账簿输出是输出账务处理的结果；期末处理可进行月末转账和结账。

（二）固定资产系统

固定资产系统完成企业对固定资产的日常核算业务，全面反映企业固定资产的增减情况，以及使用状况、折旧情况等各种信息，提供固定资产评估、固定资产减值准备及自动计提折旧功能，使企业更有效、更全面地管理固定资产。系统特点如下：

1. 支持集团化应用，对资产类别、增减方式、使用状况、折旧方法、卡片项目、卡片样式、变动原因进行集团数据的统一管理，支持多单位查询。

2. 完善部门级应用模式，提供管理部门、使用部门、折旧费用承担部门设置。

3. 系统预置和用户自定义相结合，对基础数据提供了灵活的管理。

4. 资产原值提供主辅币核算信息，显示原币原值、辅币原值、本币原值、辅币汇率、本币汇率等项目。

5. 计提固定资产减值准备，并可以将减值准备作为影响计提折旧的因素，适应了新的会计准则要求，为用户的财务管理提供全面工具。

6. 提供已清理固定资产卡片的保留功能，符合档案管理要求。

7. 支持自定义条件查询，可以按照卡片的任意项目进行查询。

四、总体流程设计

集团财务管理整体流程见图 5 –5。

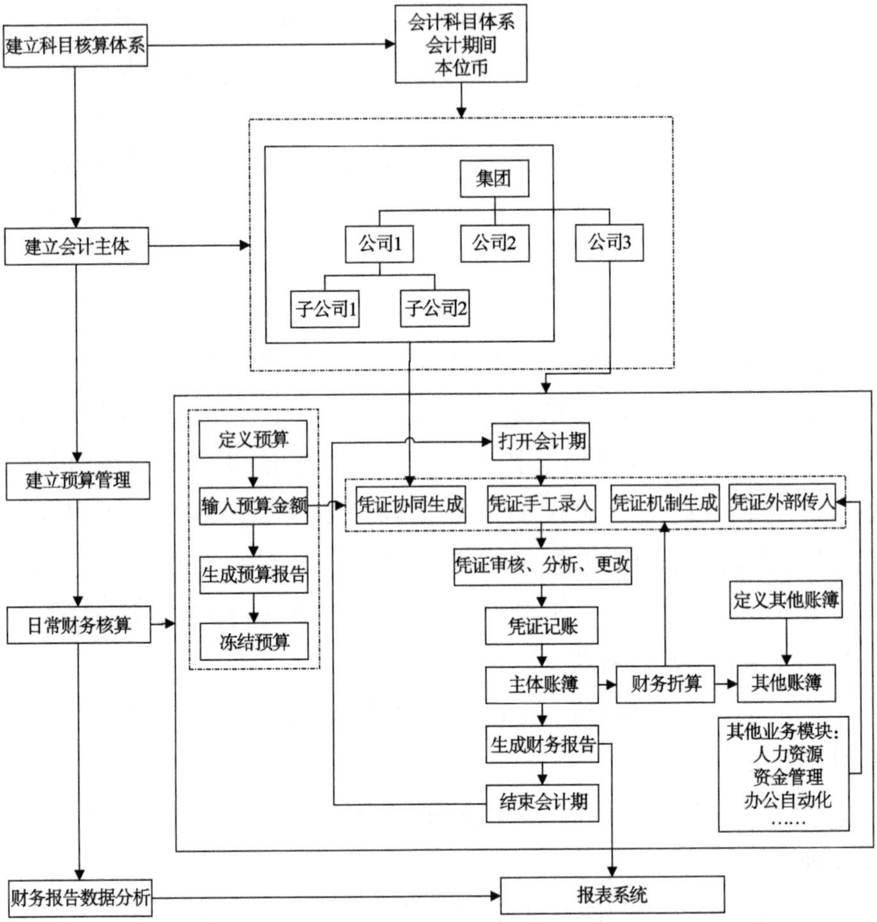

图 5 –5 集团财务管理整体流程图

五、组成模块设计

总账是用来进行凭证管理、账簿处理、个人往来款管理、部门管理、项目核算和出纳管理等，是整个财务核算的核心。

（一）流程图

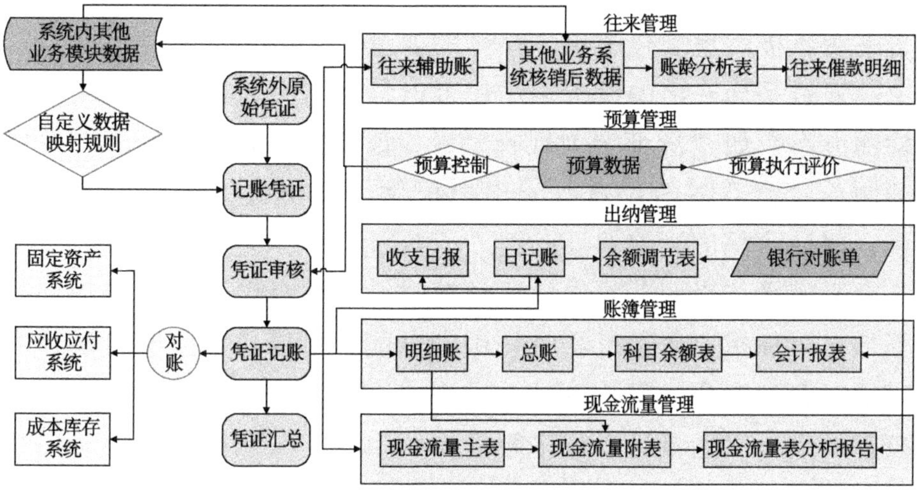

图 5－6　总账处理流程图

（二）凭证管理

凭证管理包括凭证手工录入、常用凭证、自动转账凭证、机制凭证（应收、应付、汇兑损益、待摊、预提、凭证协同、财务折算、工资、固定资产及其他业务系统传递的自动业务会计凭证）、凭证审核、凭证记账、凭证查询等功能。

1. 凭证录入。

系统从易用性、准确性的角度考虑，设置了大量的凭证手工录入快捷方式，支持常用摘要维护、摘要映射科目、摘要及凭证科目助记码录入等凭证快速录制方法，并且提供了凭证自动编号及手工调整、凭证录制键盘切换单元格方案自定义等功能，尽可能提高了凭证手工录制工作的效率。同时，在凭证金额输入时，通过金额栏的智能计算器，系统支持在凭证金额栏处直接进行金额四则运算，使凭证输入更为方便、快捷。

凭证录制时可以通过显示科目明细账、查询科目余额信息及显示相关业务单据，满足用户在凭证录制时与科目余额表、明细账及相关业务源单据的联查要求。通过系统选项的设置，可以实现制单时自动计算借贷方差额，以自动平衡的方式保证凭证的借贷平衡，极大地简化了用户大量数据录入时的工作量。

通过系统选项的设置，用户可以自由定义凭证手工录入时的检测方案。如"凭证字为现收时，凭证借方必有现金科目"等凭证制单检测方案的设置，为用户提供了严密的凭证制单控制体系，保证了凭证制单的准确性。

当记录往来业务发生凭证录制时，系统提供了按往来辅助核算信息对往来业务进行实时核销的功能，可以按发生额自动、实时地对含有客户、供应商或个人信息的往来核算科目进行核销，核销结果可以直接进入往来管理功能中查询与调整，从而确保集团对下属各级单位往来业务的即时管控。

凭证录入时，系统通过常用辅助核算功能，结合往来管理、出纳台账管理、辅助账查询等功能，实现内部人员往来账管理、部门费用收支核算管理、项目管理及针对客户供应商的往来账管理等多种辅助核算管理功能，实现集团财务业务一体化的管理需求。

在凭证录制的过程中，如遇到意外情况而没有保存的凭证，系统会根据自身灾难机制的处理方案，确保用户在灾难恢复后能够得到自动恢复单据。此方案适用于系统的全部单据，从而最大限度地保证了用户的系统使用安全性。

2. 凭证协同。

与传统的财务核算系统不同，集团财务核算面对的对象是集团公司的多会计主体，而且这些会计主体并不是完全独立、没有关系的，而是存在各种业务关系的，这样就应该考虑多会计主体凭证协同问题。同时，当凭证由业务系统的业务单据同时传入两个主体账簿时，需要在传入方案时进行配置，使不同责任主体的会计凭证自动进入各自会计主体账簿。

系统凭证协同功能支持集团内部交易处理和协同凭证的自动生成，并且提供了自动对账、自动生成对方凭证、立即发送生成凭证等方便性功能，减少用户手工操作的工作量。同时，系统自动提供交易双方的对账功能，对账后给出对账明细查询。

3. 凭证审核。

系统支持三种凭证审核处理方式：单张审核、批量审核及引导性审核，提供了批量审核及单张审核功能的同时，通过引导式凭证审核功能，可选择审核范围，明确审核过程。

通过系统选项的自定义设置，系统提供了限制制单和审核不能同为一人的报警提示、现金银行科目出纳人必须确认等控制功能，并且为凭证审核人提供了凭证标错、凭证反审核等功能，确保凭证审核工作的正确性以及严谨性，充分体现企业财务管理规范要求。

4. 凭证记账。

系统支持三种凭证记账处理方式：单张记账、批量记账及引导性记账。系统在提供批量记账及单张记账功能的同时，通过引导式凭证记账功能，可选择记账范围，明确记账过程。

凭证记账后，如果发现错误，系统会提供多种调整处理方案，如冲红凭证、金额追加追减凭证、年结后的审计调整凭证等功能，确保系统在企业应用时的灵活性及准确性，保证企业账套能够按照制度规范要求稳定运行。

5. 机制凭证。

系统对于费用摊销、预提业务，建立了自动待摊及自动预提功能，由不同级别操作者自定义需处理的业务内容。在之后的会计期间内，系统能够按照操作者要求进行自动运算和处理，生成相应的待摊、预提凭证，最大限度地提供操作工作效率，减少操作随意性。

对于企业经营中涉及的外币业务，到了期末各种外币账户的外币余额都需要按照期末汇率进行相关汇兑损益调整，系统提供了外币辅助核算及汇兑损益凭证机制生成等功能，极大地减轻了用户外币业务中的汇率记录、货币折算、汇兑损益凭证计算以及各种外币账簿的编制工作，通过外币辅助核算详细记录各个币种历史汇率及历史调整汇率，通过汇兑损益功能自动生成月末汇兑损益调整凭证，通过外币辅助账簿查询实现各种货币的账簿自动计算生成、汇总、对比及分析需要。

系统提供的自动转账功能，主要用于数据来源固定、业务固定的凭证，通过自定义其分录、数据来源等项目，实现此类凭证的自动生成，以简化日常核算的计算量以及输入量，如期间损益结转凭证、各种税金的计提凭证等。此类经常发生的、比较固定且规范的业务均可以通过定义成自动转账凭证机制生成。

定义自动转账凭证时，系统提供了向导式取数公式编辑器，并提供丰富的取数函数，例如：账务科目取数、跨组织机构取数（多个公司数据）、辅助核算取数、业务系统取数（固定资产、工资等）、自定义辅助核算取数、预算取数、报表取数、数据表取数等多种函数。灵活的转账凭证自由定义功能可以满足企业应用时各项业务的需要，并且系统支持期间取数和未记账凭证取数，所有流程均可以通过系统选项设置自由定义，从而帮助企业规范财务核算管理。

6. 常用凭证。

针对财务核算中经常发生但金额不固定且没有固定数据源的凭证，如存现、取现等业务，系统提供了常用凭证维护功能，支持按金额保存及按分录保存两种处理模式。同时，按金额保存模式在使用时支持按金额选择及不按金额选择两种处理模式，满足了企业各种应用需要，简化了日常财务核算的工作量。

常用凭证维护功能支持常用凭证的增加、修改、删除、分组维护、部分引用、直接保存编辑凭证为常用及常用凭证对冲等功能。通过常用凭证及机制凭证，系统操作者可以将日常凭证手工录入工作完全简化为选取常用凭证添置金额同时自动生成机制凭证这两个部分的工作，财务核算的工作效率将得到极大提高。

7. 凭证查询。

系统支持多维条件的凭证查询，如按凭证摘要汇总一定查询期间内的科目汇总情况，查询条件可以自由组合，并且支持跨年度查询凭证。凭证查询时界面同样支持与制单凭证的联查，并且弹出窗口显示凭证标错预警，以便操作者及时发现问题并更改。

系统凭证查询展示界面关联凭证管理中大部分功能，在凭证查询界面下，可以实现凭证的批量审核记账、凭证号批量重算调整、凭证单张及批量打印、凭证套打及结束审计调整等功能。操作者日常应用中，通过凭证查询功能即完成凭证管理中的全部工作，高度的集成将为所有操作者带来效率的提高。

8. 凭证打印。

系统提供了凭证单张打印、批量打印及凭证套打三种打印方式。三种打印方式均可按用户自由设置打印方案及打印效果，并支持各种型号打印机及各种型号打印纸的自定义设置，凭证打印同样提供了多种可自定义打印选项，能够实现如损益类凭证按辅助核算信息分类汇总至一级科目打印、辅助核算信息只打印名称或简称屏蔽辅助核算基础数据代码等功能。

系统支持多种打印方案并存，并会在打印时根据制单凭证信息作出自动检测和判断，从而完成打印方案选择。如外币凭证、数量凭证及普通凭证并存时，系统会根据凭证的不同选择不同的打印方案，从而实现凭证打印能够按照企业管理者的要求自由定义。

（三）往来管理

系统往来管理功能主要用于往来业务（应收/应付）的核销处理，提供内部人员往来账、客户供应商往来账的分类核销处理，并且支持辅助核算信息相同的往来业务自动核销及特殊情况的手工核销两种核销方案；能够对往来款项进行自定义账龄区间的账龄分析，用于考核客户信用等级；能够自动计提坏账准备，生成相应计提凭证及冲减凭证，最终实现对业务的监控与管理。

操作者在往来管理中，能够快速查看往来对账单、账龄分析表等，并且可以查看凭证实时核销的全部过程，系统同时支持按照发生额和核销结果两种方式生成账龄分析表。系统全方位的功能设计最终确保了企业对往来款项的及时、全面、严格的管理要求。

（四）出纳管理

系统提供了出纳管理平台，通过规范出纳日常现金及银行存款的收付工作，实现企业对出纳及自身流动资金实现监督和管理的职能。出纳管理主要包括台账管理、支票管理及银行对账等。

1. 台账管理。

台账管理主要用于提供日常现金银行存款收支业务的单据处理（收款单/付款单），可自动形成当日现金银行存款收支业务资金日报，并且能够自动生成相关会计凭证。出纳在日常工作中，通过录制收款/付款单据，记录日常业务的同时自动生成出纳日报，简化了出纳日常工作中计算与统计的工作量。系统在收款/付款单据录制前，可以根据企业实际应用情况，通过基础资料设置中的科目设置功能，实现业务单据同会计科目的严格映射，简化了出纳工作，而且自动传入总账凭证的功能也极大地减少了企业日常财务核算的工作量。

为保证业务单据的正确性，系统提供了大量的控制选项，企业管理者可以根据自身应用要求，订制严格的制单控制计划，保证出纳模块业务单据的正确性。在确保数据正确的基础上，通过出纳日报的自动生成，以及出纳日报与账簿、凭证及业务单据之间的关联查询，在提高系统易用性的同时增加数据分析及预算监控的功能，真正实现企业管理者对流动资金的管理要求。

在台账收支单据录制的同时，可以根据企业实际应用需求定义工作流程，并且依据单据中各种辅助核算信息，形成相关辅助核算查询及分析，再配套预算监控功能，完成企业对收支核算的管理流程自定义设置。

以部门费用收支核算中的部门费用报销流程为例，作具体阐述：

部门费用报销管理中，系统可在已建立部门辅助核算，并且在已经完成了预算科目与会计科目之间映射设置的基础上，定义一个流程化的费用报销处理方案。这里，根据企业实际情况定义好报销申请、审批工作流程及审批级次，实现申请报销、多级审批的流程化处理要求。同时，按照预算填制情况，对费用支出进行预算实时控制，将这部分预算控制提前到借款环节，对内部借款进行及时清理和催收。最后在生成的查询中，根据已有部门完成查询分类，实现对各个部门费用报销情况的考核，并最终实现企业对部门费用报销的管理要求。

2. 支票管理。

系统提供了支票簿及支票明细管理功能，操作者可以根据实际情况建立支票簿，并且能够将支票登记、领用、核销、作废处理等日常使用情况完整记录在系统中，通过相应查询记录实现企业对支票使用的严格管理。

3. 银行对账。

在银行对账功能中，系统支持多银行多账户分类管理，通过银行和账户基础数据的建立，完整记录企业所有银行账户的基础档案信息，并且通过银行对账功能完整记录企业该账户所有历史业务资料。系统支持银行及账户的增加、修改、删除及停用处理，并且遵循历史数据原则，确定所有调整只影响调整日及调整日以后的数据信息，不会对历史数据产生影响。

在银行对账业务上，系统能够通过记账凭证自动生成企业银行日记账，并且可以通过银行对账单导入方案自定义设置，实现银行对账同网络银行的关联。自动将银行对账单导入系统，实现全自动对账，减少出纳人员的工作量。在对账单导入方面，系统支持各种文件格式的对账单导入，并且可以根据对账单格式以及相关信息，自定义导数方案，选择导入数值及数据格式，满足企业实际应用需求。

系统支持高敏感度的自动对账功能和自主的手工对账功能，且对账条件开放并支持多反对账方案，及时提示对账中数据疑点，保证银行对账的正确性及稳定性，对账后自动生成余额调节表，并且支持按照概要、明细及结算中心等多种方式的查询显示及数据分析，满足企业银行存款管理应用需要。

（五）项目管理

系统提供了灵活的项目辅助核算管理功能，可以处理项目核算、项目成本管理等业务需求，同时满足不同行业、不同用户更多的数据分类及核算统计需求，如项目、线路、车型、产品、区域等，并且提供相应数据统计以及查询分析等功能，为管理与决策分析提供更多丰富且有价值的信息。

（六）账簿查询

财务系统提供了大量灵活的账簿、报表，能够满足任意的查账需求，并提供虚拟查账功能，无须凭证记账就能快速及时查看账簿，包括日记账、总账、明细账、往来总账、往来明细账、多栏账、科目余额表、对方单位科目余额表等，以方便用户全面了解企业财务状况。

在所有的科目账簿查询和辅助账簿查询中，系统提供了包含实时凭证、未记账凭证的查询，可以及时了解当前财务数据的发生情况；提供了较强大的正反方向查询功能。正向，即随意定义条件查询结果；反向，即由结果反查原始记录。在查询的过程中，提供了从总账→明细账→凭证→原始单据的穿透视查询。同时，可以自由定义账表的查询格式及查询条件，并能够把常用的查询条件和查询格式保存为特定的查询方案，以提高查询的效率。

系统作为平台化产品，应用时可以根据自身管理要求建立统一的账簿模板，实现多账簿并行。多账簿并行时，通过财务折算功能实现各账簿之间的数据转换。同时，系统能够在已有账簿模板上根据企业自身实际应用情况，通过查询分析等二次开发功能自由定义相关个性化查询。个性化查询既可以作为查询模板，通过数据协同功能从整个集团的角度向所有单位公布，也可以作为单位内部查询，实现各级单位内部管理需求。

系统账簿查询及辅助账查询提供了账簿及辅助核算账簿的跨年度查询功能，可查询历史年度的账簿情况，并且根据集团式企业财务核算需求，按集团内会计组织机构生成跨单位账簿查询，实时合并多个单位的财务数据用于相应的财务数据查询及分析。在单位汇总查询时，账簿能够同时列示汇总数及按组织机构列示各单位明细数，能够实现汇总至单位明细的钻取透视查询，从而最终实现集团企业财务核算集中管控要求。

（七）期末处理

系统期末处理主要包括月末结账及年末结转两项功能。

月末结账时，操作者确认当月有关凭证均已全部输入并已全部记账，系统在此基础上自动完成月末结转业务。为了保证结账数据的正确性，系统将对该月数据进行严格试算平衡检查，对账并确认数据无误后自动完成结账工作，并生成月末结账检查表及月末工作报告。

年末结转也就是第 12 期的月末结账，数据检查项将增加年度检查，并且结转完成后会生成年度结账检查表及年末工作报告，年结后系统自动跨入下一会计年度。审计时如有数据需要调整，可通过审计调整功能完成修正。

（八）审计调整

系统提供审计调整功能，可在年结后的任意时段根据实际需要进行调整，调整时进入上一年度最后一期，录入上一年度最后一期的审计调整分录。当调整结束后进入凭证查询页面选择结束审计调整后，即可将数据传入当前年度。返回当前年度会计期，系统会刷新调整本年度相应的数据，包括年初数以及所有期间的期初数等等。

第五节 全面预算管理系统建设
——以××××设计研究院全面预算管理系统为例

一、建设背景

××××设计研究院以集团战略为指引，以业务计划为基础，以资源配置为核心，以指标管控为目标，以分级管理为模式，以考核评估为手段，建设面向业务的战略导向型全面预算管理体系，以满足国家和集团管理的要求，充分体现各专业预算编制归口的管理思路，在信息化系统中实现了业务闭环管理。

××××设计研究院全面预算管理面临的三大瓶颈问题如下：

瓶颈一：如何建立业务财务融合、协同高效的预算体制和流程问题。

瓶颈二：业务如衡量化。

瓶颈三：IT 系统的支撑问题，即经营相关系统数据的集成问题。

根据以上问题，××××设计研究院需要一套全面预算信息化系统以满足集团全面预算管理的诉求。

二、建设目标

××××设计研究院全面预算系统建设目标是在企业战略目标的指引下，通过预算编制、执行、控制、考评与激励等一系列活动，全面提高企业管理水平和经营效率，实现企业价值最大化。

通过信息技术手段建立各单位全面预算编制和管理信息平台，可最终形成全集团一体化的全面预算编制和管理，解决目前预算管理中的问题和薄弱环节，从战略、项目管理、生产经营、成本费用、资金、投筹资和财务风险的预算控制入手达到以下目标：

1. 建立统一、全面的预算管理平台，实现从业务预算到财务预算的转变。

2. 强化集团公司全面预算体系建设，规范预算管理的组织建设、制度建设、流程建设。

3. 建设集中统一的预算管理信息平台，及时获得预算执行信息，对预算实行动态监控，有效防范业务管理风险。

4. 建立一套完整、科学的全面预算管理体系，包含战略管理、预算编制、项目预算、预算执行、预算监控、预算分析和预算结果内部评价等综合制度体系，满足预算管理编制、审批、调整、数据集成的要求。

三、建设规划

（一）预算思路

××××设计研究院全面预算思路是“一个预算业务流程、两大核心原则、四大保障体系”，内容如图5-7所示。

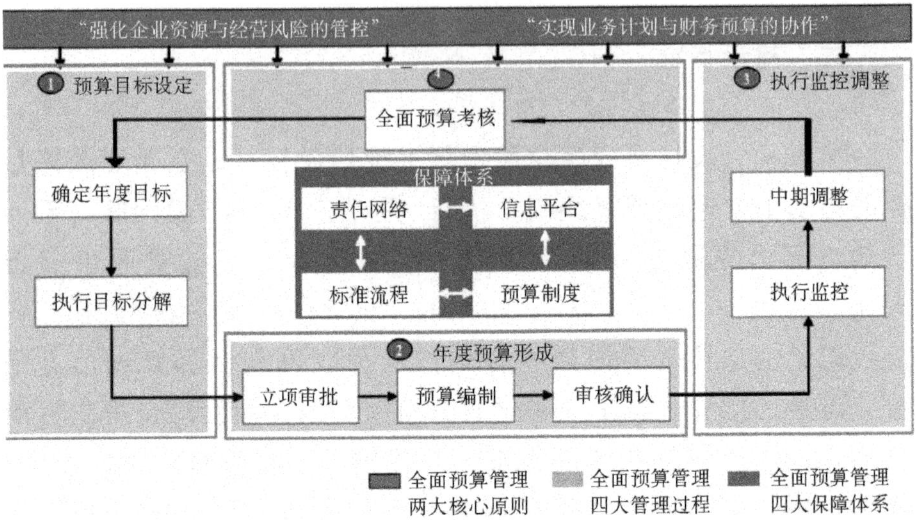

图5-7 全面预算思路

1. 一个业务流程：预算目标设定、年度预算形成、预算执行监控及调整、全面预算考核。

2. 两大核心原则：以强化企业资源与经营风险管控为原则；以实现业务计划与财务预算协作为原则。

3. 四大保障体系：建设责任网络体系、信息化平台体系、预算制度体系、定义预算标准流程体系。

（二）建设框架

××××设计研究院全面预算项目建设框架主要是预算编制、预算控制、预算分析等应用模块以及与其他系统的接口。应用模块与其他业务系统和功能模块的关系如图 5－8 所示：

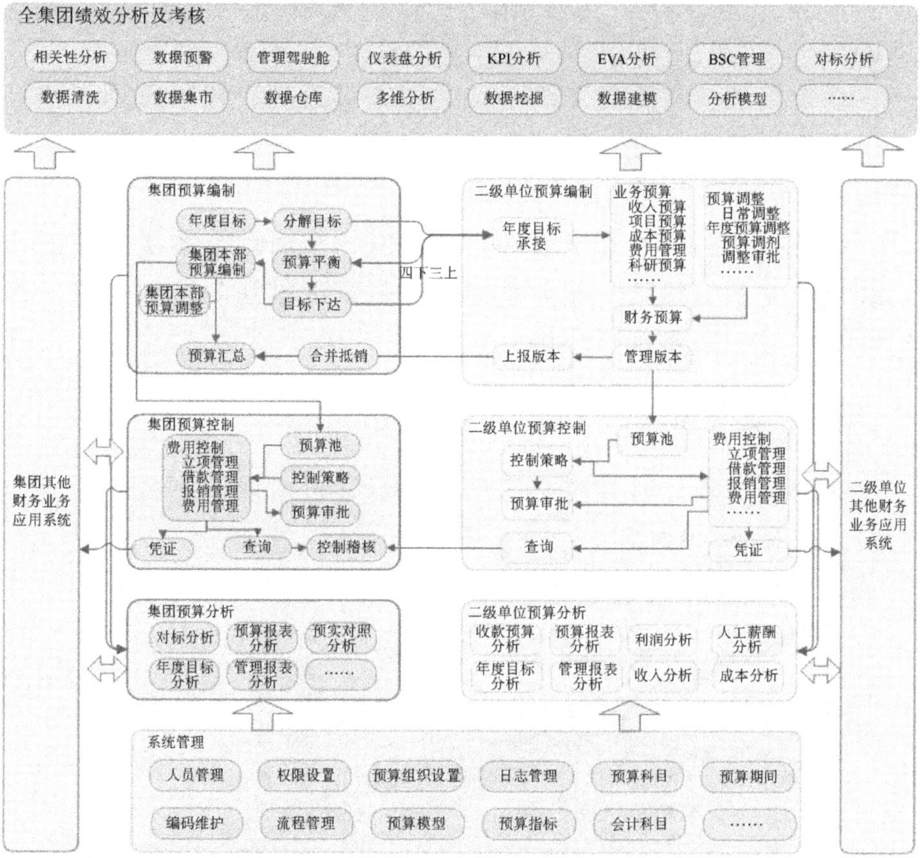

图 5－8　应用及业务模块关系图

系统的功能模块应用分为集团和二级单位两个级次，集团在年初下达全集团的预算目标，二级单位承接集团下达的预算目标。集团与二级单位之间确定最终目标过程中有预算平衡的过程。

集团预算编制：基于集团预算目标管理，以二级单位汇总为主。二级单位汇总以业务预算为编制主线。年度预算编制完成后，系统能实现预算调整。

预算控制：主要实现控制策略、预算审批、网上报销等内容。费用报销系统业务单据最终能将生成凭证推送到核算系统中。

预算分析：主要实现集团和二级单位的收款预算分析、预算报表分析、利润分析、人员及工薪酬分析、预实对照分析等内容。

系统管理：集团与二级单位共用人员管理、权限管理、预算组织设置、日志管理、预算科目、预算期间、预算指标等基础设置内容。

系统接口：××××软件公司开发的全面预算系统与集团及二级单位的其他财务。业务系统实现数据的推送和提取，以便进行凭证生成，预实对照分析。

（三）建设阶段

××××设计研究院全面预算项目建设阶段，一共分为五个阶段（如图 5－9 所示）。

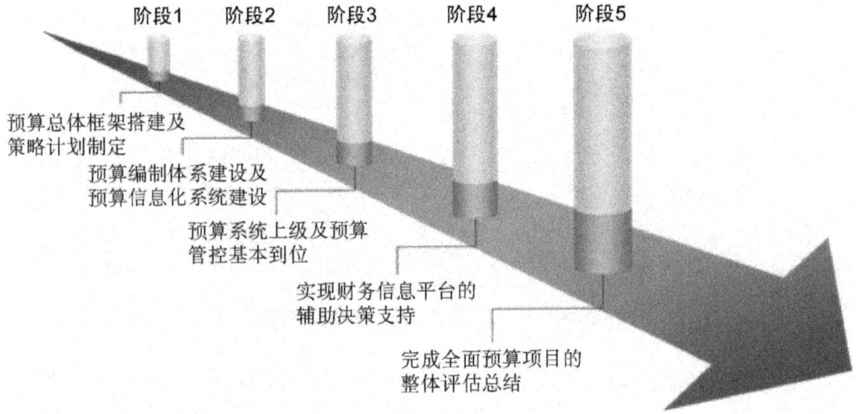

图 5－9　全面预算项目建设阶段

其中：阶段 2 预算编制体系建设及预算信息化系统建设，已于 2013 年初通过招投标方式由××××软件股份有限公司承建。

阶段 3 预算系统上线及预算管控基本到位，以于 2013 年年底在××××软件公司开发的全面预算管理平台（DNA）中实现。

四、建设内容

（一）建设内容

××××设计研究院集团深入推进集经营预算、薪酬预算、科研预算、投资预算、财务预算等各类专业预算于一体的全面预算管理体系（见图5-10）。

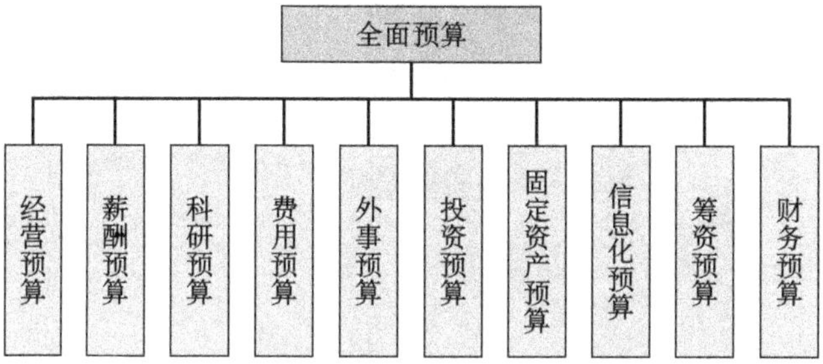

图5-10　全面预算管理体系

（二）建设范围

集团内部所有具有实质控制权的独立核算的经济实体，均应全部纳入预算管理范围。具体包括：境内外子企业、分公司、其他独立核算的分支机构。

集团层面满足推进全级次的全面预算管理的需求，全面预算系统的编制、分解、执行、控制、分析、考核等进行闭环管理，形成贯穿一线的畅通垂直体系。

二级单位实现针对设计行业业务特点的全成本管理，实现向上承接集团预算目标，向下分解各分子公司及部门的年度预算目标，实现项目管理、收入支出管理、费用控制、年度考核等适用于企业自身管理需求的全成本预算管理。

五、建设成果

××××设计研究院全面预算系统可分为预算目标、预算编制、预算调整、预算控制、预算考核等功能。系统首页界面如图5－11。

图5－11 首页界面

(一) 预算目标

全面预算系统在××××设计研究院构建整体战略、策略目标及年度运营计划的确定，下级单位根据集团策略目标编制预算，执行集团审定的预算，集团公司内部整合数据、获取决策支持信息、加强对各级单位的情况的了解与控制。下级单位从收入预算、项目管理、板块管理、投融资决策等层层上报，上下结合，明确预算信息收集分析职责。系统满足上报各级法人单位预算报表，统一集团与下级单位的财务目标，实现资源统一调配，提高分析效率。集团目标管理如图5－12。

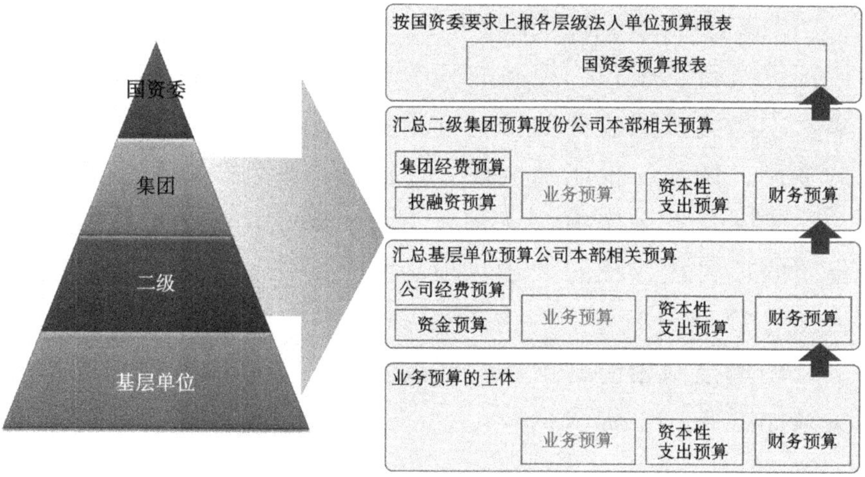

图 5－12　集团目标管理

（二）预前项目

××××设计研究院在预算编制“二上”之前会做预前项目登记上报和审批工作。项目上报包括：信息系统项目、外事计划项目、经营项目、科研项目、费用项目、筹资项目、投资类项目七大类项目的预前审批。项目大类及子类分类如图 5－13 所示：

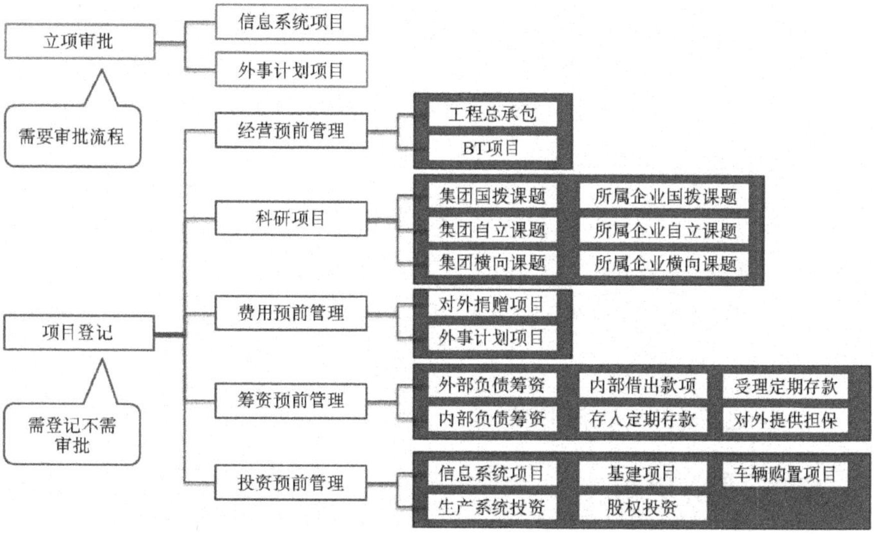

图 5－13　项目大类及子类分类

“预前项目”可作为衔接业务与财务的桥梁，也是预算编制、后续预算执行、跟踪、控制的基本单元、对象和载体。在预算控制系统中集团按照业务项目进行预算费用的申请、审批，商务合同的签订、调整，报账乃至报告分析等一系列跟踪和控制活动。

在实际业务操作中，××××设计研究院二级单位将需要上报集团的项目在系统的“预立项功能”中报送到系统中，由集团项目预算管理员收集，在系统中执行审批流程，项目报批完成后，自动填报到相应的预算编制报表中。项目申报与专业预算钩稽关系如图 5－14 所示：

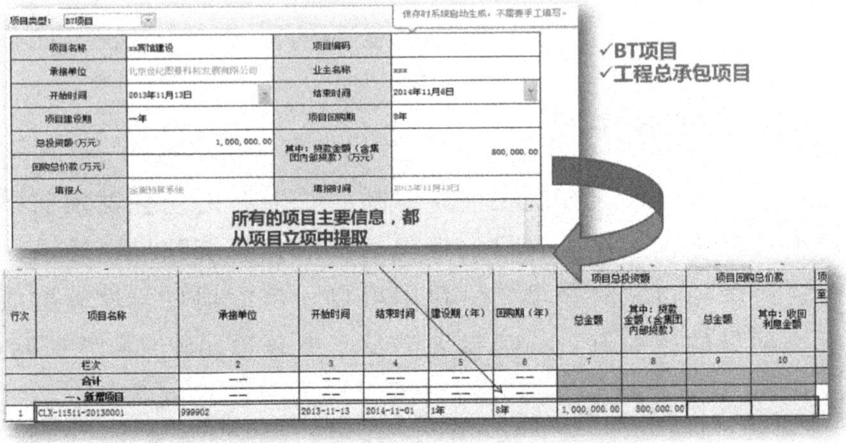

图 5－14　项目申报与专业预算钩稽关系

预前项目申报的优点在于：

- 给项目一个唯一标识，在管控时，根据这个标识直接提取相关信息，包括基础数据、预算数据等；
- 如果项目涉及跨年度，项目登记后，以后年度无须再次输入，可直接提取；
- 经过多年以后可以积累一个相对完整的项目信息库。

（三）预算编制

××××设计研究院预算编制主要是通过集团总体战略目标

分解下达，各业务板块及下级单位参照自己制定的本单位战略目标和承接集团下达指标，进行多次目标平衡后编制各专业预算，集团各归口部门对二级单位的各专业预算进行审核，自动形成预算报表数据。系统提供预算目标下达、预算目标分解、预算编制、预算上报、预算汇总、汇总平衡、多数据版本等主要功能。以财务指标为主的科目预算标志完成后，最终形成整体财务三大表（见图5－25）。

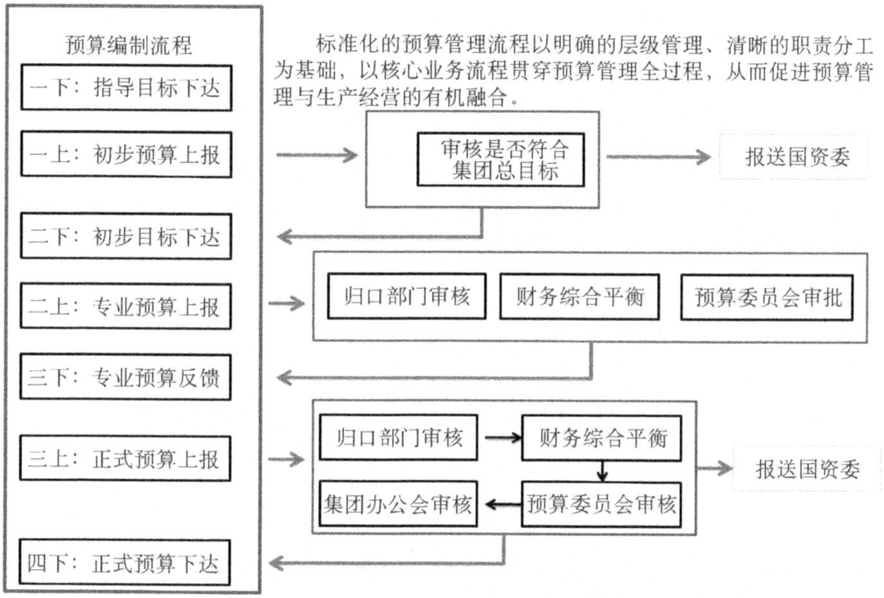

图5－15　预算编制流程

（四）预算调整

由于市场环境瞬息万变，××××设计研究院年度预算编制完成后，根据预算的实际执行情况，集团和二级单位在特定时间根据集团预算调整程序对年度预算进行调控。

预算调整应按照严格的程序规范操作。程序如下：

1. 预算执行情况分析。预算执行单位发现预算偏差必须具体分析，如有客观原因应向预算管理部门申请调整。

2. 预算调整申请。预算执行向预算管理部门填报预算调整单。调整单应详细说明预算调整理由、调整方案、调整前后的预算指标比较、对总目标的影响等内容。

3. 预算调整审议。预算管理部门接到申请后即进入审议流程，在系统中通过系统流程预算审议人和预算单位交换意见。

4. 预算调整审批。预算管理部门根据权限批准后，下发预算执行单位执行。

预算调整包括调整、调剂、小金额微调等多种调整方式，调整后形成的调整单可统一管理，并通过与流程审批的结合，实现预算调整业务流程，达到根据市场变化追加或调整预算的目的。

预算调整的多数据版本，可将调整过程中的记录保存成版本，并且与编制版本区分，调整的数据不会影响年初制定的预算数据。

（五）预算控制

对预算编制产生的各级各类预算，即成本预算、费用预算、资本支出预算与财务预算进行控制，系统支持全员参与、全过程参与。预算控制系统可以实现对战略目标实施情况的监控，及时调整企业的经营行为，保证战略目标的实现。同时，预算执行过程中授权体系的完善大大提高了集团的管理效率，并在可控的条件下保证经营的灵活性。

预算控制是企业实施全面预算的重点，目标是实现预算执行过程中的事前控制。通过预算控制系统实施，业务部门发生的业务活动时首先填制业务申请单，根据业务申请单中的预算信息，控制系统可以获取这项业务的预算总金额、目前累计发生数、预算余额等，并自动提示审批人是否批准这项业务执行，是否超出预算。预算控制系统还为资金管理人提供资金审批计划功能。

预算控制内容（见图 5－16）包括：

- 重点事项控制：包括投资事项、内外部贷款事项、信息化项目、对外捐赠事项控制。

- 日常事项控制：包括日常研发控制、市场开发费用控制、管理费用控制等。
- 财务预算控制：即现金预算控制。

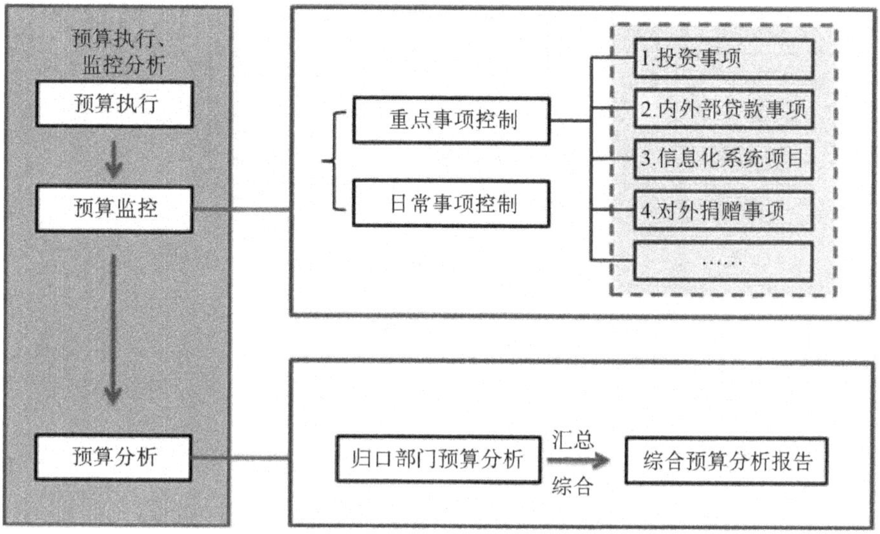

图 5－16　预算控制内容

（六）预算考核

系统可根据预算考核要求设置多个多类考核指标。可根据预算上报情况设置预算数据上报及时性、准确性方面的考核指标，也可根据预算的执行控制情况设置预实偏差、预算完成情况方面的考核指标。在编制预算时，预算考核模块可以列出需要进行同业对比的指标，以及规模、业务相同的同类公司平均值，每期将实际发生数与同业进行对比，并可根据计算公式追溯到相关项目，便于企业分析与同行业企业的差异。系统可以多层面预算考核：按项目考核、归口部门考核、按会计科目考核、财务比率考核。例示见图 5－17。

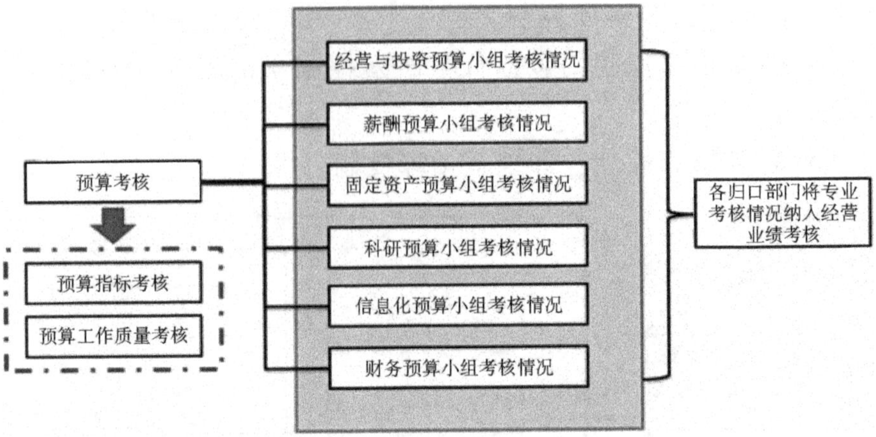

图 5-17 预算考核指标分类

六、应用价值

● 系统实现了企业从战略规划、流程改造、权限责任优化、运行分析监测到考核评价等进行全过程的设计与固化。

● 在企业各职能部门、各管理层级形成分工明确、责任清晰、相互协同、高效配合的工作机制和责任机制，推动各类专业预算相互衔接、相互促进，形成有机整体。

● 与企业经营管理系统、会计核算系统、资金管理系统、人力资源管理系统和 ERP 等资源配置系统实现互联互通，满足预算执行在线分析监测、及时反馈与多方信息、多层次信息高度融合与集成的要求。

第六节
费用网上报销管理系统建设
——以××××化学股份有限公司费用网上报销管理系统为例

一、业务背景

××××化学股份有限公司（简称“化学股份”）由A集团整体重组改制并作为主发起人、联合B集团共同发起设立，总股本399亿股，其中A集团占比98%、B集团占比2%。化学股份成立后，A集团作为主发起人和控股股东，对化学股份行使国有股权管理职能，化学股份成为A集团主营业务的运营主体。

化学股份一直以来都十分重视信息化建设，特别是信息化在日常管理中的应用。随着企业规模不断扩大、公司员工增加，传统的线下报销已不适合当前的管理模式，费用管理成为企业日常管理的一项重要内容，为了更好地解决费用报销和管理问题，中化股份提出建设网上费用报销系统。

二、建设目标

（一）整体目标（见图5－18）

（二）具体目标

● 以电子化、信息化、自动化为手段，彻底改变手工方式下的低效杂乱状况，实现单据填写的规范化、业务审批的流程

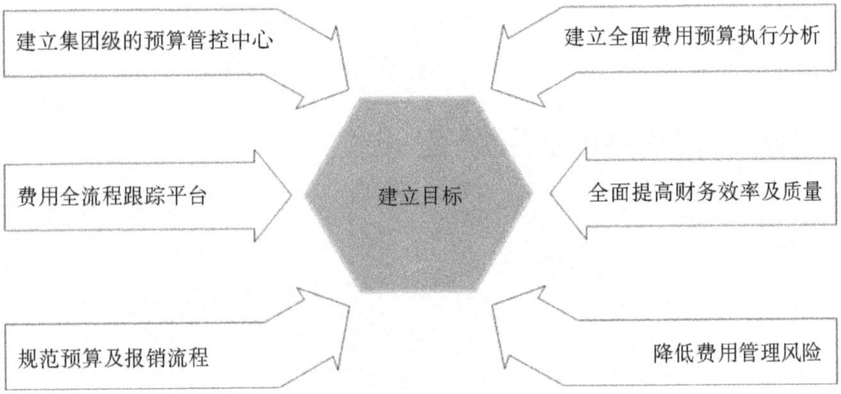

图5-18 整体目标

化、财务审核的透明化、数据信息的实时化，全面提升财务信息质量，使财务信息准确、完整和及时地作用于公司运营管理。

- 网上报销系统同时与全面预算管理系统、总账及各子系统、网上银行等系统互联互通，实现数据的无缝衔接。
- 对费用预算全面跟踪管理，时时查看预算的执行使用情况。
- 申请和报销流程电子化处理，与纸质原始凭证分离，达到可追踪和高效率。
- 结合相关的财务制度，通过信息化单据，减少单据的填写内容，自动带出相应的数据以及达到自动计算。
- 从申请到报销到支付整体流程，实现网银直连支付，并形成映射关系方便现金对账处理。
- 自动生成会计分录，传递到ERP系统过账，并回写到费用系统。原则上达到除财务费用外的非业务支付活动全部通过费用系统处理。
- 可以通过手机实时查询单据处理进度、审批单据、查阅费用信息等；系统处理结果可以通过手机、邮件方式通知申请人；系统可以按日或特殊情况下手动触发特定事项以手机、邮件方式通知审批者提醒需执行审批事项。
- 对费用产生的原因和过程进行分析，并可方便地按照规则筛选提取数据，应用于和异常监控和费用稽核。

三、系统功能范围（见图5－19）

• 实现对化学股份及下属二级单位费用报销的全流程管理，包括预算管理、申请管理、借款管理、报销管理、支付管理、报表管理、接口管理、系统管理等功能，满足企业对费用管理风险控制的要求。

• 建立灵活、完善的审批工作流和权限控制机制。

• 提供松耦合结构的接口平台，与外围系统进行数据交互。

• 涉及与SAP、天越ERP、Portal、TIM/TAM、EHR、TC、MAS、Notes等系统的数据集成。

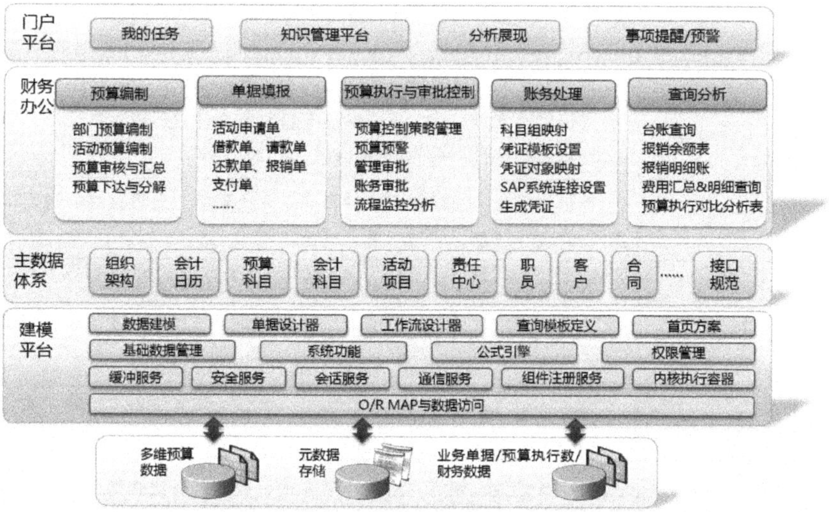

图5－19 系统功能范围

四、系统建设内容

系统建设详细内容见表5－2。

表 5－2　系统建设

编号	功能模块	功能概要
1	预算管理	1. 实现预算多维度的编制，两条主线常规预算和专项预算贯穿整个费用报销流程； 2. 支持 EXCEL 导入导出功能，导入后可实现对于预算的调整； 3. 实现针对不同组织机构、不同部门、不同费用项目的预算控制。
2	申请管理	1. 包括出差、专项事项的事前申请，申请内容包括时间管理、费用金额等； 2. 实现申请对于预算的占用； 3. 申请对于报销实现控制。
3	借款管理	1. 包括差旅、专项及其他借款，其中差旅和专项借款需要引用申请单； 2. 借款后，提供还款提醒功能。
4	报销管理	1. 按照报销业务不同，分别填制不同用途的报销单，包括差旅报销单、专项报销单及其他报销单等； 2. 差旅报销及专项报销需要与事项发生前的申请关联，申请金额与报销金额需要控制； 3. 报销时可以引用借款单，并在报销完成后自动核销； 4. 报销支持报销代办； 5. 报销完成支付后，可自动生成凭证至核算系统。
5	支付管理	1. 支持对私支付功能，生成标准银行付款文件，形成付款记录； 2. 支持对公支付申请、审批功能。
6	还款管理	1. 按报销单金额与借款单金额自动生成还款单，并进行自动核销； 2. 支持现金还款，并进行手工核销。
7	分摊管理	1. 实现报销过程中，直接对相关费用进行事中分摊； 2. 支持报销结束后，费用的事后分摊，使得费用分布更真实，预算控制更准确。
8	报表管理	1. 提供个人借款、还款的自助查询； 2. 实现以不同维度进行费用明细和费用汇总的分析； 3. 针对预算数、预算占用数和预算执行数进行对比查询。
9	数据接口	1. 与 TIM 系统进行同步，实现统一用户管理，需同步信息包括账号、部门、职员及职员基本信息等； 2. 与 SAP 及天越 ERP 系统完成报销相关凭证的自动生成； 3. 在审批流程关键点、预算预警值、还借款时间点等进行短信或邮件的提醒； 4. 与集团 Portal 系统集成，实现报销系统单点登录及待办事项的注册； 5. 费用报销中的对公支付部分，实现与 TC/CB 的申请和支付的接口 。

五、系统应用价值

- 实现对费用预算的全面跟踪管理，通过预算管理的介入，实现先有预算才有费用。
- 申请和报销流程电子化处理，与纸质原始凭证分离，达到可追踪和高效率。
- 自动汇总各种收、付款项，通过网银或资金系统支付到报销人或供应商账户。
- 自动生成会计分录，传递到ERP系统过账，并回写到费用系统，原则上除财务费用外的非业务支付活动全部通过费用系统处理。
- 对费用产生的原因和过程进行分析，并可按照规则筛选和提取数据，应用于费用稽核和异常监控。

第七节
财务共享服务中心（FSSC）建设
——以××××建设股份有限公司财务共享服务中心为例

一、业务背景

（一）企业概况

××××建设股份有限公司（简称“××××建设股份”）由××××建筑总公司独家发起设立，为国务院国有资产监督管理委员会管理的特大型建筑企业。200×年×月×日、×日分别在上海和香港上市××××建设股份业务涵盖工程建筑、房地产、工业制造、物资物流、特许经营、矿产资源及金融保险。

（二）项目背景分析

首先，行业背景因素。××××建设股份属于建筑施工行业，是典型的劳动密集型产业，从国家制度到企业内部来看，企业在财务管理领域存在许多不容忽视的问题：

- 建筑工程行业财务管理制度不够完善。部分企业没有完整的财务制度，有的只是将财务制度建立而并未执行，这导致整体行业财务管理制度水平较低。不完善的财务制度制约着企业可持续发展和行业进步。
- 资金管理力度不够。建筑行业的建设项目分布广泛，资金较为分散，对资金的管理相对困难。许多企业资金投资在外难以收回，有些甚至变成坏账，导致企业资金流动性差，难以有更多的资金用于再投资。也有一些企业的资金闲置现象严重，资金利用率低。在竞争日益激烈的市场环境下，提高资金使用效率对提高竞争力有着很大的影响。
- 财务人员素质偏低，监管力度不够。目前，建筑工程行业的财务人员整体文化知识水平不高、职业素质和职业道德水平较低，不能适应财务环境的变化，缺乏管理经验，更严重的甚至对国家法律法规视而不见。
- 财务管理信息化程度不高。建筑行业由于其独特的生产经营模式存在地域广泛、财务主体不唯一等问题，财务信息化建设需要克服信息网络更广阔、培训业务量更大、管理层次更复杂等问题。

可以看出，在建筑行业中企业普遍面临的形势是：经营规模持续增长，产业链条不断延伸，施工区域不断扩大，组织机构日趋复杂，经济指标日益繁重，风险管控和管理难度不断增加。从财务角度分析主要问题有：资金需求日益增加，成本管控难度加大，费用支出增幅较大，主业利润空间缩小，债权债务居高不下，企业支出周转缓慢，管理机构臃肿低效。

其次，企业集团自身发展因素。随着××××建设股份“走出去”海外战略的逐步实施，市场份额逐步提升，建筑企业点多面广、产高利低、资金密集的特征对财务管理提出了更高要求，加快财务的信息化建设显得尤为紧迫。

××××建设股份从行业财务管理存在的普遍问题及企业自身背景出发，做出了实施财务共享的战略选择，这既是企业“做大做强”的自身需求，也与风险内控体系建设的要求相契合，是企业补齐管理短板、加快转型升级、实现健康持续发展的必由之路。

二、建设目标

（一）建立会计工厂，促进财务管理转型

建立“会计工厂”，将基础会计业务（如资金结算、会计核算、报表编制）从下属各单位中剥离出来，统一归集至财务共享服务中心处理。财务共享服务中心旨在促进中国铁建财务会计与管理会计职能的分离，下属各单位财务工作重心向加强执行力度、精细化运作、为业务提供良好服务与支撑、优化资源配置与执行控制、提升信息挖掘深度、为管理层和业务部门提供有价值的信息与决策支撑等财务管理职能转变。

（二）梳理业务及流程，实现业务财务一体化

借助财务共享服务平台系统，重新梳理和调整中国铁建集团及各子公司业务、财务处理流程，将业务流程与财务流程进行整合，形成业务、财务流程的专业化、标准化、统一化，实现业务财务一体化。

（三）建立统一平台，实现集中处理与数据共享

建立集报账平台、结算平台、运营平台、高级应用于一体的财务共享服务平台，实现资金结算类、会计核算类及报表管理类业务的统一处理与集中管理。同时，建立与前端业务系统、银行以及对外报送的数据集成，促使会计核算发起向业务端前移，实现标准统一、数据共享，加强资金监控，防范资金风险。

三、项目建设内容

××××建设股份自 2011 年起建设基于法人一套账的集中核算系统和基于财务共享服务中心的平台，一期进行建设股份十五局、建设股份十七局、建设股份十八局、建设股份二十局和建设股份电气化局五个局级的费用控制与财务共享平台项目的建设，通过项目实施已经建立起基于“财务共享作业——报账管理——支付管理——财务核算——财务报告”的完整财务体系。实现从项目到法人的精细核算，并可归集标准财务档案和作业类别。目前，项目处于二期建设阶段，实现了××××建设股份基于云平台的整体大集中的费用控制与财务共享平台。

四、项目建设规划

（一）财务共享服务中心的组织定位

财务共享服务中心的建立，务必会给企业的财务管理组织架构带来了巨大变化。××××建设股份实施共享以后，形成了面向集团/工程公司的战略财务管理，面向工程项目的业务财务管理，负责会计基础工作的共享服务中心，负责搭建外部银行桥梁关系及企业内部资金融通的财务公司四类财务职能机构。

××××建设股份财务共享服务中心定位为集团财务管控的支持部门，业务受集团公司财务部指导，负责会计核算、标准报表编制等工作。在此模式下，财务共享服务中心与资金中心、预算中心等财务部门的领导为同一人。目前，中心内部按职能划分为六个科室，分别为：资产费用科、收入成本科、总账报表科、资金结算科、票据归档科、运营管理科。不同科室的工作职责也不一样。例如资产费用组，主要是对员工借款单、报销类表单进行审核。收入成本科负责收入核算、材料核算等。实行专业化分工以后，每个审核会计只负责处理同一类业务表单，因此处理效率是传统财务人员处理效率的5倍；通过专业化分工以后，实现了按专业科室集中审核同类表单，保证了该类业务处理的标准化，使企业的制度得到有效落实。由于共享中心的所有会计操作类似于工厂的流水线操作，所以财务共享中心还有一个别名叫“会计工厂”。

（二）财务共享服务中心的业务范围

当前，结合××××建设股份财务共享服务中心的项目建设背景及目标，财务共享服务中心的功能定位为会计职能中的业务执行领域，提供会计核算、资金结算、报表编制、档案管理等基础会计核算业务。

随着财务共享服务中心运营管理不断成熟，在未来推广阶段，财务共享服务中心的业务将逐步纳入资产管理、应收应付、税务管理、海外核算业务，以及管理会计分析工作等，财务共享服务中心将逐步成为企业的财务信息数据处理中心。

未来几年财务共享中心组织建设的初步规划分三步进行。第一步，共享服务中心为内部职能部门，负责内部会计核算业务的集中处理；第二步，成为内部运营责任主体，根据协议服务于内部客户，且执行结算标准；第三步，成为独立运营责任主体，除了为内部客户提供服务外，还将参与外部市场竞争，提供对外服务。

（三）财务共享服务中心的设计成果

- 规划、设计财务共享服务的组织发展战略结构及战略职能，从战略结构的模式、战略职能定位的模式进行设计，并设计了未来可能的非财务领域的共享拓展。
- 完成财务共享服务中心的组织人力设计，建立统一的政策、标准、流程和信息系统。
- 规划设计铁建大共享模式下的分布式集群部署架构，包括应用服务和数据库服务。
- 制定财务共享服务中心共计 8 类岗位的职责说明书，从工作内容、工作汇报关系、岗位职责、任职要求等方面进行规划、设计。
- 设计、制定机关 13 类流程规范、项目部 14 类流程规范，包括表单、核算、报表、归档等。
- 设计制定 7 类运营管理制度及管理办法，包括组织、服务、标准化、培训、质量等。
- 从员工报销、资金收支、资产、材料、税金、劳资、总账、票据归档等业务角度，编制了业务指导书。

五、项目建设过程

××××建设股份构建了财务共享服务中心建设的指导思想：积极应对市场复杂环境，紧密围绕企业发展战略目标，完善财务功能，加强财务管理，调整财务策略，提升财务能力，加快财务转型，积极推动降本增效，持续创新财务管理，深入推进流程再造，全面建设内控体系，有效加强资金管理，积极创新运行监测等方面推进共享中心建设，实现财务管理水平的不断提高。

在具体建设规划上，××××建设股份根据企业自身情况，在筹备、试点和推广三个阶段实施财务共享。由于××××建设股份不同的二级单位管理架构、管理理念、管理方法，且每个局独立作为一个集团下设分子公司，各个局之间耦合度很低，因此，××××建设股份财务共享服务中心最初的策略就是以下属集团公司为单位建立财务共享服务中心。

2013～2014 年，公司选择了部分单位试点，从管理模式、基本标准、组织形式、运营体系、信息系统等方面研究，形成股份公司构建共享中心的总体思路、主要措施和相关制度，并下发共享中心建设指导意见。

2015～2017 年，在第一阶段试点的基础上，将加快推进共享中心建设，完成所有工程板块的共享中心建设，配套建设的全面预算系统、资金管理系统、财务分析预警系统基本到位，并将进行财务业务一体化建设，尝试商旅共享、法务共享、人事共享、IT 共享，使更多的业务流、票据流、信息流向共享中心聚集，共享中心运转趋向成熟，对企业管理的支撑能力逐步凸显。

2018～2020 年，将完成非工程板块和海外单位的共享中心建设，进一步完善共享中心的组织体系、管理体系和业务体系，并将集团公司的共享中心进一步整合为一个或几个全国性甚至全球性的共享中心，基本完成传统财务管理模式的改造，彻底解决工程项目财务管理分散、管理粗放的问题。

在具体实施上，××××建设股份实施方法遵循“顶层设计、试点先行、逐步完善、集团推广”的原则，通过统一规划，少走弯路，逐步积累经验，稳步推进。实施节点分为如下三个阶段：

• 筹备期：2012 年 6 月 15 日，启动财务共享服务调研工作。调研期间，财务部项目组成员参观了数家共享中心，并多次邀请相关专家来××××建设股份进行服务理念共享和建设经验交流。

• 试点期：2013 年 1 月至 8 月，启动建设股份 15 局、17 局、18 局和 20 局共享服务中心的试点工作。该试点工作，无论是在营造改革创新理念的氛围上，还是在业务流程的梳理与再造上，或是在共享服务中心的人才选拔、储备上，为全集团公司的推广探索了方法和积累了经验。

● 推广期：2013 年 9 月至今，已经完成 10 个共享中心的建设。

截至目前，××××建设股份全国大约有 5 500 个项目纳入共享服务中心。涵盖铁路、公路、水利、矿山、房建、地铁等领域。

六、项目应用价值

● 完成了报账系统、核算系统、影像系统集成工作，实现了会计档案全电子化管理，领导及财务人员审核业务时可随时调阅发票等附件影像，从而规范了工作流程，提高了工作效率。

● 引入活动预算，凡日常报销事项必须先填报“动支申请单”，否则一律不允许报销，有效控制了经费支出，为下一步全面预算系统的建设打下基础。

● 业务审批流程固化，提单人无权进行越级审批签字，审批过程中提单人与单据审核人完全隔离，规避了营私舞弊行为。

● 利用移动应用技术，启用移动终端查询审批功能，各项业务流程随时可以查询，领导可以在任何时间任何地点充分利用碎片时间进行审批控制。

● 启用“身份证 + 密码 + 随机短信码”三级安全认证登录机制，提高了安全保密等级，保证了系统应用的安全性。

● 日常费用开支采用银行卡加网银结算制度，大大降低了项目部“现金”的需求，减少财务业务工作量，规避使用大额现金的风险。

● 基于电信云平台技术，满足大规模高集中的系统应用。

● 使用国产达梦数据库，引入数据库读写分离等优化技术，提升系统效率。

第六章　案例分析——广晟公司信息化建设整体情况

第一节　广晟公司信息化历程

在各级政府有关部门的大力支持和帮助下，广晟公司于2003年年初进入系统化的财务信息化建设进程（见图6-1），并提出了《广晟公司信息化建设十年规划蓝图》。

第一阶段（2003年3月~2005年5月）：重点完成广晟公司信息化建设工程的整体规划、硬件网络平台的搭建、财务电算化系统的开发与实施，完成相应的网关建设，搭建起广晟公司信息化建设工程的初步应用。

第二阶段（2005年5月~2009年12月）：完成本部、各一级集团和下属相关企业各子项目的信息化建设，包括财务集团集

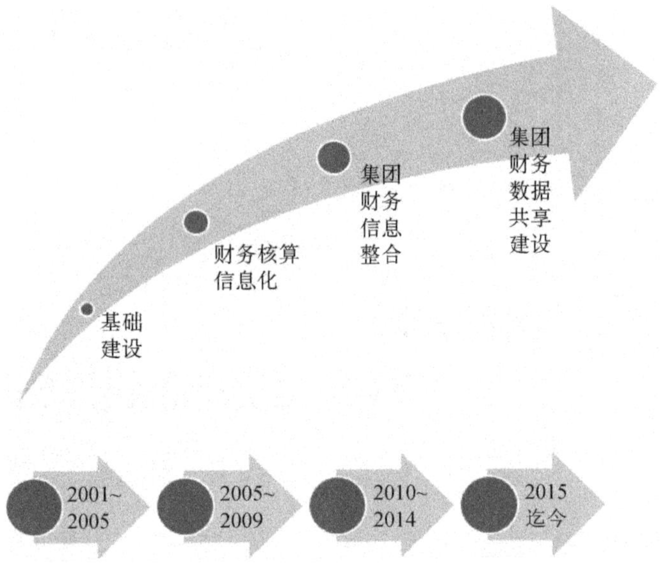

图 6－1　广晟公司信息化历程图

中核算系统、门户网站、物流管理系统、办公自动化、预算管理系统、财务结算系统、人力资源管理系统，并形成一定的骨干网规模。

第三阶段（2010 年 1 月～2014 年 12 月）：搭建电子商务平台完成本部信息系统与所属集团、相关企业的信息系统整合，实现供需链上下游企业数据的互联互通，并以现有信息化系统为基础完成本部企业分析决策系统的建设，最终形成综合性的电子商务平台与财务账务、资金集中统一的平台。

第四阶段（2015 年 1 月开始）：在财务信息整合的基础上，逐步建设集团财务数据共享中心；同时，借助财务数据共享中心平台系统，重新梳理和调整广晟公司及各子公司业务、财务处理流程，将业务流程与财务流程整合，形成业务、财务流程的专业化、标准化、统一化，实现业务财务一体化。因此，广晟公司的信息化是非常典型的案例，也为“混业经营”和“资产经营”的国有大型企业提供了值得借鉴的经验，为将来财务信息化的扩展和财务服务共享中心的建立奠定了基础。

第二节 广晟公司信息化的核心需求

一、战略管控中心

为了支持集团最终实现“治理规范化、职能层级化、业务平台化、管理数字化、文化一体化”的“五化”管理模式，保障公司战略目标的实现，集团管控层需要对下属子公司在战略管理、投融资管理、财务与资金管理、人力资源管理、采购管理和知识管理方面行使管控职能。因此，战略管控中心的核心需求应包括以下几个方面：

决策支持：提供高层次的专业及综合决策支持所需的基础数据、分析方法和分析工具。包括：国家政策、行业发展状况及趋势等外部基础信息，内部企业生产经营状况等内部基础数据，适应决策需求的科学合理的分析方法及分析工具等。

战略管理：战略环境数据收集（外部环境，内部经营资源）；战略环境数据分析；战略目标的制定、分解与执行；战略执行监控、差异（业务指标、财务数据等）分析与调控。

投资及融资管控：投资项目可行性分析与决策；投资项目动态管理与调控；投资项目后评价；编制融资计划，组织实施融资工资。

财务与资金的管控：及时掌握各子公司经营信息，发现并控制风险；监控集团各子公司的资金流向，在集团内进行资金统筹调度；实现对各子公司的财务报表合并与分析，提供法定报表等对外报告信息；通过共享的数据资源，自动生成领导所需要的报告，提供领导科学决策的依据。

预算管控：通过信息系统支持全集团的全面预算编制工作；及时跟踪实际业务执行情况，对比预算、实际以及历史数据的差异，分析差异产生的原因，找出影响企业经营业绩的主要问题，制定解决对策，确保企业年度经营目标顺利实现。

人力资源：人力资源管理框架（人事基础信息、业务流程与规范等）的统一；集团内人员的选用、调配、竞聘；干部集中统一的培养与管理；对子公司经营者考核与任用；薪资福利系统与财务的接口。

采购管理：通过信息系统支持集团采办和物资的统一管理和规范，降低采购和库存成本及资金占用。及时了解各下属成员单位的采购需求，及时了解下属成员单位的库存情况，制定采购计划，及时组织采购工作。

知识管理：通过信息系统实现集团内专利等知识产权管理，实现集团内部技术、知识的共享。实现集团内专利等知识产权的申报、统计、维权等工作，建设集团内部技术、知识的共享库，实现内部知识的及时上传、下载，做好共享知识的维护。

二、利润中心

集团公司二级子公司的经营管理是在集团总体战略和管理模式的指导下进行的，具体职能体现为在集团公司战略指导下管理运作下属企业，支持集团公司战略目标。因此，下属企业的核心信息化需求体现为下属企业管控层面的综合信息管理系统和直接为生产服务的专业应用系统，以保证下属企业生产业务运作的高质高效。销售管理系统，保证业务板块的集中销售，避免内部竞争情况的发生。同时，作为集团公司的下属企业，其信息化需求也应体现集团公司整体性和下属企业之间的协作性。具体而言，利润中心的信息化核心需求主要包括以下方面：

（一）保证下属企业业务运作高质高效的综合信息管理系统

集团公司各下属企业作为一个相对独立的生产经营实体，必须保证在集团公司总体信息化规划的约束下，实现自身信息化规划的整体性和集成性，更好地发挥信息化的作用及功能。基于此，利润中心的核心信息化需求体现在：各下属企业内部人力资源管理、财务管理、采购及物资管理、生产作业管理、销售管理、工程建设管理及质量控制、健康安全环保监督管理等集成系统功能以及集团下属二级企业层面投资管理、决策支持等功能。

（二）为一线生产作业和业务开展服务的专业应用系统

二级公司如何提高生产作业的效率以实现生产作业技术的持续改进？如何实现成本的节约和生产效益的提高？针对各二级公司的特定业务，其生产业务运作需要相应的专业应用系统来提高生产运作效率，专业系统的应用可以提高业务运作水平，体现专业化、规范化运作和管理。

（三）销售管理系统

通过销售管理系统实现业务平台的集中销售，由二级子公司统一安排销售计划，保证产品在市场上的统一标识、统一价格管理，避免出现内部竞争。及时统计销售订单，编制销售计划，做好销售统计工作等。

（四）二级公司与总公司之间的信息互动

利润中心必须为集团公司管理和决策层提供支持信息，并实现双方互动。一方面，利润中心必须及时了解集团公司发展战略及其变化，了解集团公司管理策略，了解管理制度以提高效率。同时，总公司对利润中心管理审批手段的改善也会直接提高二级公司的工作效率。另一方面，二级公司也需要有效的信息手段来保证其为集团公司高层决策提供及时准确的支持信息，直接为集团公司战略发展做出贡献。

三、成本中心

成本中心的运行是按照利润中心下达的生产计划组织产品生产，高质量地完成本单位的生产指标。因此，成员单位的信息化需求主要体现在生产一线的作业和业务专用管理系统，体现在成本中心内部人力资源管理、财务管理等需求。

具体而言，成本中心的信息化核心需求主要包括以下内容：

（一）一线生产作业和业务专业管理

主要包括生产线基础自动化、过程控制和生产业务运作。实现对生产设备的实时监测与控制，对生产区域的物流进行跟踪管理，对产品仓库进行三维动态管理，对工序的作业计划和命令进行管理，对生产区域内的生产线过程控制系统的生产实绩数据进行采集。

（二）成本中心与利润中心之间的信息互动

成本中心必须为利润中心提供支持信息，进而为集团公司的管理和决策提供支持，并实现双方的信息互动。具体来说，一方面，成本中心必须及时了解集团及利润中心的管理动态；另一方面，成本中心也要向利润中心提供必要的生产经营数据，进而为集团公司高层决策提供及时准确的支持信息。

（三）保证成本中心权限范围内的综合信息管理

各成本中心是一个相对独立的生产经营实体，具有一定权限范围内的经营管理职能，成本中心的信息化系统应能够满足这些管理需求。基于此，成本中心的核心信息化需求体现在：本单位人力资源管理、采购与物资管理、生产作业管理、质量控制、健康安全环保管理等。

第三节
广晟公司信息化设想与规划

一、统一规划、建设前面临的问题

（一）以前广晟公司信息化建设存在的问题

1. 部分部门和企业的信息化建设没有有效带动企业整体信息化应用水平的提高，形成了一个个“信息孤岛”。

2. 部门之间没有标准的业务处理流程，各个职能部门或企业业务流程分割断裂在各个职能部门，或残缺不全，或复杂冗长，业务流程效率比较低。

3. 职能部门之间缺乏高水平的协同运作，部分授权和分权不够。

4. 各单位层级繁多，审批环节复杂。

5. 没有有效的集成信息系统支持。

（二）在信息资源开发利用方面存在的问题

1. 各级领导对信息化建设的认识缺乏紧迫感。

2. 信息管理体系不健全，刚刚成立、地位不高、权责不够。

3. 信息管理部门人员短缺。

4. 信息系统建设缺乏集中管理和统一规划，信息化建设随意性较大。

5. 信息化建设重视硬件投资，忽视软件和服务投资；重视软件系统开发和建设，忽视业务应用；重视技术解决手段，忽视管理改进和流程配合；重视部门级管理需求，忽视整体信息集成。

6. 信息化建设项目缺乏统一、标准的实施流程和规范，缺乏效果追踪和考评，大量的投资没有取得应有的效益，资源浪费严重。

正是在这种情况下，广晟公司决定基于现有的业务管理流程和企业发展战略，对广晟公司信息化建设进行全面分析和重新规划，在进行信息化建设的同时，从信息化建设标准、制度管理等多方面对广晟公司整体的信息化工作进行规范，形成完整、统一的信息化建设规划。

二、信息化整体目标

根据广晟公司发展战略，结合各子公司信息化现状与实际需求，广晟公司信息化发展目标是：以国家电子商务项目为契机，以财务信息整合项目为起点，完善业务内网和外网，基本建成覆盖各级企业的信息网络平台；建立财务信息整合平台，由财务信息整合平台统一从财务核算系统中提取数据，形成向相关监管部门上报的所有报表；初步建立起信息资源共享机制；基础信息、目标体系与接口体系、标准规范体系、信息安全基础设施初步建立。按照“统一规划、分布建设”的原则，将以上目标落实在系统规划层面。

上线集团集中财务核算软件，奠定了财务信息化管理最重要的基础，为各级管理者提供信息支撑服务，提高管理决策的科学性。

建立全集团统一的战略管理系统，通过战略管理系统和全面预算管理系统集成，有效进行战略目标的分解和监控。

建立全集团统一的全面预算管理系统，保证全集团的业务执行和资源分配同集团战略的高度相匹配；通过预算管理做到事前管控，提高集团管控的水平，保证集团战略目标的达成；通过全面、科学的指标体系和系统的预警功能，实时监控战略和经营管理目标的完成情况。

建立投资管理系统，规范投资决策程序，强化项目管理和预算控制等业务和管理流程，减少相关决策的人为因素和随意性。

建立全集团统一的财务、资金管理系统，利用信息技术加强对各业务单元的全面预算管理、规划和协调，实现信息集成和共享，提高信息的广度、深度、质量和时效性，为决策提供准确、及时的支持。

通过集团采购管理和库存管理系统提高采购和物资管理水平、降低采购和库存成本。

建立集团公司公司销售管理系统，并且通过财务系统有效集成，实现公司财务业务一体化，提高集团业务运作效率和管控水平。

建立并且完善集团公司的供应链管理系统，通过供应链系统实现集团自身同集团客户、集团供应商的生产计划业务协同，达到集团、客户、供应商三者总成本最低、业务总效率最高的供应链效益。

建立整个集团统一的电子商务系统平台，实现同客户和供应商业务往来的信息化运营，提高客户和供应商的协同，最大限度地扩大集团的客户群和供应商资源，促进集团提高销售效益和降低运营成本。通过电子商务平台还可以培育集团新的利润增长点，如 B2C、C2C 的电子商务运营模式等。

建立科研院所的工程设计项目管理、科研项目管理、设计项目管理系统，实现科研院所在科研项目、工程总包和设计项目管理上的信息化管理，提高项目的业务执行效率和项目管控水平。通过信息系统的建立，实现科研院所的知识和项目的归档信息化，做到对项目过程的全程监控和回顾，以利于项目经验的总结和后期持续提高项目管理水平。

三、广晟公司信息化整体框架与建设重点

集团管控目标和各级组织的职能，广晟公司将各级组织的信息化重点进行归类和分层（见图 6 – 2）。

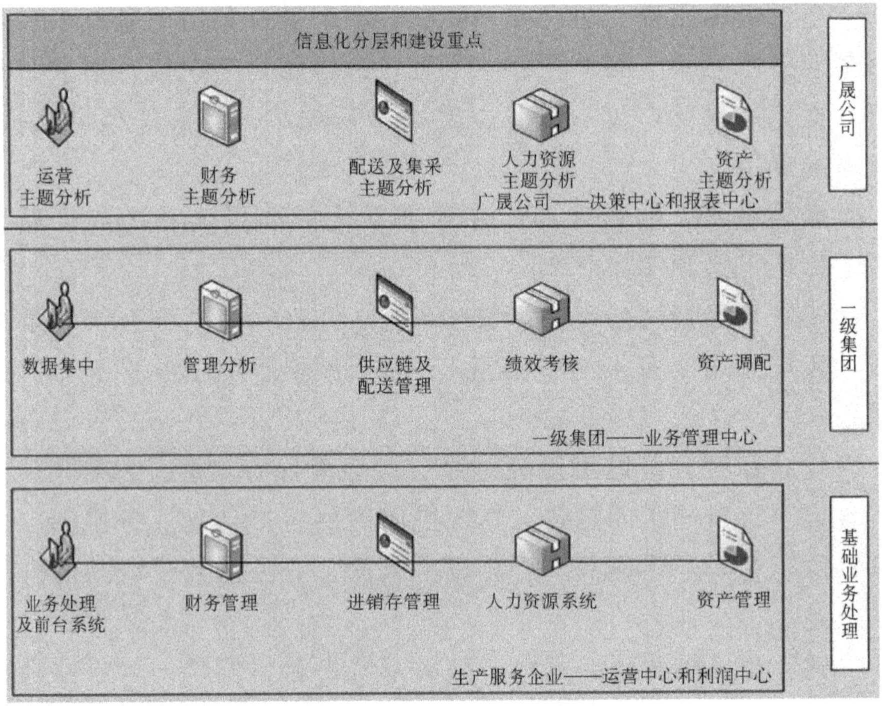

图 6 – 2 广晟公司信息化重点归类

（一）广晟公司的信息化建设重点

1. 集团管理应用系统。包括：财务账务集中、资产管理、集中采购、预算管理、经营运维、财务、人力资源等系统。集团管理应用系统是广晟公司内部统一和唯一的数据收集、报送、分析的平台。

2. 商业智能和领导决策支持系统。在综合信息统计分析平台海量数据基础之上，建立领导决策支持系统，以对集团战略决策提供有效科学的数据支撑。

（二）二级集团

建立建成各板块业务经营数据分析统计系统，为二级集团提供下属企业的经营业绩绩效考核依据。为此，二级集团的信息化建设重点是：

1. 板块经营业绩考核和分析；
2. 二级集团下属企业的财务账务集中和资产信息集中。

（三）各基层下属企业

建立和完善各行业的业务操作系统。各基层下属企业的信息化建设重点是：酒店的前台和后台业务操作系统、旅行社的前台系统和在线运营、生产企业的 ERP 系统、物业管理等（见表 6－1）。

表 6－1

<table>
<tr><th>系统名称</th><th>广晟公司</th><th>有色金属板块</th><th>酒店业</th><th>工程建筑</th><th>电子信息</th><th colspan="2">层次</th></tr>
<tr><td>电子商务平台</td><td>◆</td><td>◆</td><td>◆</td><td>◆</td><td>◆</td><td rowspan="5">集团应用</td><td rowspan="7">战略</td></tr>
<tr><td>电子商务集成平台</td><td>◆</td><td></td><td></td><td></td><td></td></tr>
<tr><td>人力资源管理</td><td>◆</td><td>◆</td><td>◆</td><td>◆</td><td>◆</td></tr>
<tr><td>预算管理</td><td>◆</td><td>◆</td><td>◆</td><td>◆</td><td>◆</td></tr>
<tr><td>企业经营分析与决策</td><td>◆</td><td></td><td></td><td></td><td></td></tr>
<tr><td>财务集中管理</td><td>◆</td><td>◆</td><td>◆</td><td>◆</td><td>◆</td><td rowspan="2">二级集团</td></tr>
<tr><td>供需链管理</td><td>◆</td><td>◆</td><td>◆</td><td>◆</td><td>◆</td></tr>
<tr><td>采购管理</td><td></td><td>◆</td><td></td><td></td><td>◆</td><td rowspan="5">业务支持</td><td rowspan="5">战术</td></tr>
<tr><td>物流管理</td><td></td><td>◆</td><td></td><td></td><td>◆</td></tr>
<tr><td>财务结算</td><td>◆</td><td></td><td></td><td></td><td></td></tr>
<tr><td>客户/供应商服务</td><td></td><td>◆</td><td>◆</td><td>◆</td><td>◆</td></tr>
<tr><td>办公自动化管理</td><td>◆</td><td>◆</td><td>◆</td><td>◆</td><td>◆</td></tr>
</table>

基于第三方咨询公司提出的广晟公司信息化建设工程的建设建议，联合项目组通过学习、调研掌握企业现实情况，提出广晟公司 IT 规划方案。广晟公司信息化工程建设内容主要包括：

1. 综合利用现代管理理论与技术，针对广晟公司多组织、跨行业、下属企业众多的特点，结合公司发展的实际情况，建立新的生产经营管理模式和运作方式，整合公司资源，实现商务协同，为公司高效运营奠定基础。

2. 搭建 ERP 平台，建设以企业门户网站与电子商务平台、供需链管理系统、电子商务应用系统集成平台、人力资源管理系统、预算管理系统、采购管理系统、物流管理系统、财务结算系统、企业经营分析与决策支持系统等为主要内容的信息系统，支持集团业务运作，并为集团下属企业提供便捷有效的商务运作平台。

3. 建设与完善网络支撑系统，为集团公司信息系统运行提供高效、稳定、安全的运行环境。

4. 总结项目中积累的经验，不断完善广晟公司及所属企业的信息化管理制度。

第七章 IT 技术应用水平提高广晟公司财务信息质量效果分析

第一节 广晟公司财务信息的效果分析

集团公司财务信息化的核心模块——集团公司集中财务核算系统、财务综合信息化系统已经成为集团财务管理的重要支撑，通过几年建设，基本实现了：

1. 统一会计核算政策、规范会计科目；
2. 规范会计核算流程；
3. 规范基础信息，有效提高财务信息质量；
4. 从机制上保障整个集团内控制度地贯彻执行。

目前公司所属企业共有 330 户（含分公司等分支机构）在财

务集中核算系统中开设账套核算。其中，纳入合并范围企业，除上市公司外，均在系统内进行账务处理，包括总账、报账中心（出纳管理）及固定资产核算。所属企业财务人员每月将日常经济业务的原始数据录入系统，并在系统内进行制单、审核、记账、损益结转、计提与摊销、结账等程序，按时打印科目余额表、总账、明细账等账簿。

为了实现“建立一套集中报表管理系统，形成统一集中财务报表体系，实现广晟公司全级次财务数据集中，既满足内部管理的需要又满足上级管理部门信息报送和资本市场信息披露的要求”的目标，广晟公司分别于 2003 年和 2008 年启动了公司集团核算系统和网络财务报表系统升级项目。

网络财务报表系统以财务报表管理业务为主，使用网络信息平台对集团财务信息进行数据采集、合并、汇总、展现和集中管理。该系统的建立，为广晟公司建立了统一的内部基础报表体系，主要体现在：

（1）在网络财务报表系统编制公司及所属企业资金日报。所属企业把当天资金发生额、余额输入网络财务报表系统，进行汇总合并，生成资金结余情况统计表、资金日报分析报告等。通过查询资金日报，各级领导及相关财务人员可全面掌握公司的资金动态，可查询到企业当天的资金余额、资金的储点分布、资金的日增减情况、资金流向等信息。

（2）在线报送财务月报。所属企业每月登录网络财务报表系统，在财务月报模块，通过报表取数接口程序提取核算系统会计数据，自动生成月度快报的主要报表数据，并在线进行审核、合并、汇总、上报等。公司本部合并（汇总）、审核后上报。报送的数据格式与上级要求的报表格式完全一致，无须进行数据格式转换、传输数据等。

（3）利用网络财务报表系统完成年度财务决算报表编报及汇审。2008 年度财务决算报表首次通过网络财务报表系统编制、审核、合并、上报，为保证了编制工作顺利进行，计划财务部、主审事务所、协审事务所联合集中办公，对各下属企业的报表进行审核、合并。从各单位合并情况来看，通过网络财务报表系统编报年度决算报表程序流畅，信息反馈快捷，在实际工作中系统内发现的问题都能及时解决及完善，大大提升了财务年度决算报表的时效性、准确性，会计信息质量得到了进一步提高。

（4）在网络财务报表系统进行财务分析。每月报表编制完成后，均在系统内对财务报表进行常规分析，并把生成的分析报告、仪表盘数据分别列示在系统首页，只要登录首页就可以方便快捷地查看到专项指标预算分析、利润经营情况分析、经营收入及成本支出情况分析、期间费用情况分析等与日常生产经营息息相关的财务数据及指标分析报告。

（5）通过网络财务报表系统完成年度财务预算。2009年度财务预算首次通过网络财务报表系统操作，根据上级报送要求，在系统内设置了资产负债预算表、利润预算表、现金流量预算表、成本费用预算表、固定资产预算表等，所属企业在线填报、审核、调整相关数据，方便快捷。

（6）为财务信息统计提供了重要平台。除了利用网络财务报表进行日常的报表编制及财务分析外，还把网络财务报表系统作为财务信息统计的平台，所属企业利用系统先后完成了地方税务局的税务自查情况、投融资情况统计、省国资委财务事项自查、省财政厅会计信息自查、关联方计提减值准备统计、广晟公司所属纳入合并报表范围子公司经营业绩统计、所有权受限资产统计、内部信贷资金预算表等，通过这个平台大大提高了财务统计工作的效率。

（7）建立内部统一工作平台，规范工作流程。使用协同平台中的工作流功能，对企业现有流程进行梳理和固化。使用工作流后，各个部门、岗位之间的权责明确，业务流转效率显著提高，部门、分公司之间的协同能力也显著增强。

（8）提高办公效率。当越来越多的业务流程使用系统实现后，企业的办公效率明显得到提高，企业内部人员的满意度也得到了极大提升。

综上所述，通过集团财务集中核算系统和网络财务报表系统的建设，广晟公司在企业信息化方面有了长足进步，为广晟公司“战略决策、投融资与资本运作、人力资源和监控”四大中心建设提供了有力支撑。

第二节 财务信息化取得的社会效益

广晟公司的信息化建设不仅承担着自身信息化的责任，而且承担起影响和带动其他企业积极投身到信息化建设中，为提高广东省的信息化建设水平做出应有的贡献。

广晟公司信息化建设的社会效益包括：

（一）实践中央对信息化的部署，贯彻落实“以信息化带动工业化，以工业化促进信息化，走新型工业化道路”的方针

1. 推进信息化要以工业化为基础。工业化是信息化的物质基础，是新经济发展的条件，没有工业化，信息就失去了依托。离开了工业化的基础作用，信息化将成为无源之水。

2. 信息化能够加快工业化进程。强调工业化是信息化的基础，并非意味着信息化的开始必须以工业化的完成为前提。因为面对已经不是传统工业化的世界，我们只有在实现工业化的同时推进信息化，工业化与信息化同步进行，通过信息化的方式加速工业化步伐。

3. 加快工业化必须推进信息化。我国要完成工业化的艰巨任

务，加速产业结构转换升级的过程，大力发展现代化工业，增强国际竞争力，必须以信息化为支撑，大力采用信息技术和装备，充分应用信息手段，促进产业技术水平的全面提高。同时，通过信息化带动经济结构调整，提高各种物质和能量资源的利用效率，促使我国经济增长方式从高投入、高消耗、低效益、低质量的粗放型增长转变为高速度、高效益、低投入、低消耗的集约型增长。

（二）强化自身，示范社会

1. 广晟公司是大型企业集团，信息化示范作用是很明显的。

2. 广晟公司发展电子商务对拉动其上下游企业开展电子商务有积极的示范和引导作用。

3. 广晟公司信息化项目的实施为社会培养了一批具有大型信息化系统实施经验的管理人才，为社会信息化发展提供了良好的人力资本与管理经验。

（三）对区域电子商务环境建设的促进作用

1. 广晟公司电子商务平台的在线采购与在线销售都采用了供应商与客户的信用体系管理。广晟公司与合作伙伴间信用体系的建立，促进了区域信用体系的发展。

2. 广晟公司网上采购打破传统的采购模式，推进物资供应管理改革，强化物资采购监管，规范采购业务流程，公开采购过程，保证生产建设物资供应商，有效降低采购成本，实现信息的快速传递和广泛共享。在线采购在整顿和规范、推动和加强廉政建设中发挥了重要的促进作用，取得了良好的经济效益和社会效益。

（四）通过广晟公司信息化工程的实施，实现双效并进

1. 通过信息技术手段和先进的管理软件的运用，实现网上数

据传递和信息共享，数据一次录入可多家共享并分析使用，在减少重复劳动、数据传递更加及时准确的前提下，大幅度提高管理效率，为整个管理链运转效率的提高和成本的降低提供了可能。

2. 系统建成后，有条件真正做好客户服务。可以按客户需求对市场情况进行分析；可以实现客户个性化服务，提高服务质量和客户的满意度，为抢占市场和客户、为提高市场竞争力创造了条件。

3. 系统的建设促进了销售体制和业务流程的改革，促进了销售系统信息化的进程，这对提高销售系统的管理水平、工作效率和服务精神都是有好处的。

4. 通过历史数据的预测，广晟公司各生产企业的销售预测就可以做得较为准确了，可为生产企业和供应商制定生产计划提供较为准确的依据，整体供应链管理优化就可以实现。这不仅可使销售资源得到进一步优化，使计划等做得更准确，用得更好、更深入，而且也可使企业更合理地管理和控制原材料和产品库存。

第八章 结论与展望

通过研究，我们不难发现，IT 技术应用水平与集团财务信息化成功实践是集团企业战略规划、财务管理、风险管控等集团管控的重要基础，也是有效提高企业财务信息质量的利器。具体表现在以下几个方面：

一是信息化支撑企业发展战略转型作用明显。面对全球化竞争，应积极主动以信息化支撑企业战略转型，推动企业发展方式转变；利用信息化手段，满足集团战略对管理范围、管理幅度和管理精度的要求；通过信息化支撑企业经营和管理模式的全面转型，加强企业在投资、融资、财务监管和风险管理等方面的管控力度，增强核心竞争力，不断提高集团化运作、集约化发展和精益化管理水平，有效推动企业发展方式的转变。

二是有效提高财务信息质量，支持企业决策水平进一步提高。信息化进一步提升了公司决策支持水平，使决策更加及时、科学、有效，提高了决策质量和效率。运用集中财务核算、网络财务报表、OA 等系统，建立集成、共享的综合性企业级综合管理与决策支持平台，有效提高了操作层面的工作效率、管理层面的管理分析能力、决策层面的决策质量和效率。

三是综合管理信息化支撑企业集团管控和科学发展。企业信息化系统的建设和应用有效降低了企业运营成本，提升了集团管控能力，支撑了集团企业科学、持续、健康发展。对财务业务实行统一管理，实时监控各类信息，有效提高了集团管控力和更大范围的资金资源优化配置，实现了财务业务从基础管理到高级管理的提升，达到了企业集团管控的战略管理目标。

四是推动集团和各成员企业由“核算型财务”向“管理型财务”转变，支撑了企业的资本市场价值。

五是在瞬息万变的市场环境中，有利于集团公司提高决策效率，加快市场反应速度。通过各种数据的预测、预警、比较和分析，管理层可以很快发现企业存在的问题或可能出现的问题，从而提出切实可行的解决办法，有效防控风险。

参考文献

[1] 王吉鹏：《如何掌控集团企业》，企业管理出版社 2010 年版。

[2] 张瑞君：《财务管理信息化》，中信出版社 2008 年版。

[3] 刘澜："集团企业的财务信息化"，《IT 经理世界》2011 年第 17 期。

[4] 曾超："面向十二五规划的企业集团财务管控方案"，《中国资金力量》2011 年第 4 期。

[5] 史瑞超："建筑施工企业的集团管控信息化"，《中国建设信息》2011 年。

[6] 陈志军：《集团公司管理——基于三种管控模式》，经济科学出版社 2010 年版。

[7] 国家发展改革委建设部：《建设项目经济评价方法与参数》，中国计划出版社 2001 年版。

[8] 钱晖："企业集团财务信息化规划初探"，《中国总会计师》2010 年 3 月号。

[9] 胡仁昱：《财务决策支持系统与信息化案例》，中国财政经济出版社 2008 年版。

[10] 王顺金：《财务业务一体信息化技术研究》，北京理工大学出版社 2012 年版。

[11] 陈龙章：《全面预算管理信息化案例分析》，经济管理出版社 2012 年版。